智元微库
OPEN MIND

成 长 也 是 一 种 美 好

下一次对话

不争不哄不解释，
轻松搞定难搞定的人

The Next
Conversation

Argue Less, Talk More

Jefferson Fisher

［美］杰斐逊·费希尔 / 著
陈晓儒 / 译

人民邮电出版社
北京

图书在版编目（CIP）数据

下一次对话：不争不哄不解释，轻松搞定难搞定的
人 /（美）杰斐逊·费希尔（Jefferson Fisher）著 ;
陈晓儒译. -- 北京：人民邮电出版社，2025. -- ISBN
978-7-115-67547-7

Ⅰ. C912.11-49

中国国家版本馆 CIP 数据核字第 20250BW989 号

版 权 声 明

◆ 　 著 　　［美］杰斐逊·费希尔（Jefferson Fisher）
　　　　译 　　陈晓儒
　 责任编辑 　林飞翔
　 责任印制 　周昇亮

◆人民邮电出版社出版发行　　　北京市丰台区成寿寺路 11 号
邮编 100164　　电子邮件 315@ptpress.com.cn
网址 https://www.ptpress.com.cn
天津千鹤文化传播有限公司印刷

◆开本：880×1230　1/32
　 印张：7.75　　　　　　　　2025 年 8 月第 1 版
　 字数：200 千字　　　　　　2025 年 8 月天津第 1 次印刷
　　　　 著作权合同登记号　图字：01-2025-1171 号

定　价：59.80 元

读者服务热线：（010）67630125　印装质量热线：（010）81055316
反盗版热线：（010）81055315

自序

在牧场老房子的角落里，我穿着松垮的长睡衣和蜘蛛侠内裤蜷缩成一团，旧柏柏尔地毯① 表面磨出的线头刺得我的腿好痒。我没等水热就匆匆忙忙洗了个澡，身上特别是头发还是湿的。尽管冷得瑟瑟发抖，但我还是咧嘴笑个不停。

那年八岁的我，怎么舍得放过任何凑热闹的机会。

大伙儿聚在主屋厅里谈天说地。我的曾爷爷曾担任联邦法官，他是家族里的大家长。爷爷、爸爸、叔伯们、堂兄弟们……费希尔家族里几乎所有亲戚都当过出庭律师。每年，家族的男人们齐聚在一起，在得克萨斯州西部山区参加狩猎季开季周末狩猎活动。往年家族里共有 13 个人参加，今年我是第 14 个。像入选了大联盟一样，我感到无上光荣。太好了！我 —— 终于长大了，可以跟着爸爸自驾八个小时旅行，一路听着詹姆斯·泰勒（James Taylor）、吉姆·克罗斯（Jim Croce）和杰

---

① 柏柏尔（Berber）地毯采用北非柏柏尔族的地毯制作工艺，以花纹丰富、独特和耐磨损著称。——译者注

里·杰夫·沃克（Jerry Jeff Walker）的音乐①，该是多么惬意。我成为大孩子中的一员啦！虽然插不上话，但是我一点儿也不在意。我痛快地喝着 IBC 根汁饮料②，大口嚼着牛肉干——这要放在以前，妈妈是肯定不让我多吃的。

我对第一晚的经历至今记忆犹新。

晚餐后，爷爷放下餐具，快步走到沙发边坐下，开始给大伙儿讲关于他的工作、某某法官和法院的故事。我一下子想起来了，今天在我们修理猎鹿棚时，爷爷就跟爸爸讲过这件事。当时，他一边在卡车后厢里找绿漆，一边平铺直叙地讲给爸爸听。

然而，爷爷晚上这次讲得分外生动。故事内容没变，我听起来的感觉却完全不一样了。

我听得入神，目不转睛地看着爷爷，只见他站起来活灵活现地重演着故事，手势和表情恰如其分。讲到激动人心之处，他的声音高昂；讲到悬疑之处，他的吐字低沉而缓慢，伴随着语调的起伏。这还是同一个故事吗？简直太精彩了！爷爷讲了将近十分钟，在这段时间里他牢牢吸引了大家的注意力。接着，他顿了一下，再把最后的包袱抖出，惹得所有人哄堂大笑。我望着爷爷，感到心悦诚服，他仿佛为我们表演了一场精彩绝伦的魔术。

爷爷讲的故事打开了大家的话匣子。堂兄弟们、爸爸，甚至连曾爷爷都开始轮流讲述自己的法庭故事。作为出庭律师，他们可都是讲故事的高手。那天晚上，笑声此起彼伏，一直持续到深夜。

---

① 詹姆斯·泰勒、吉姆·克罗斯和杰里·杰夫·沃克都是 20 世纪非常著名的美国歌手和词曲作者，他们的音乐风格对流行音乐和民谣音乐有着深远的影响。——译者注
② 根汁饮料（Root Beer）是一种在北美流行的甜味软饮料，IBC 是当时广受欢迎的品牌。——译者注

我坐在角落，把膝盖缩进睡衣里，听得津津有味，一句话、一个故事都没舍得落下。夜深了，我听着听着就睡着了。爸爸把我抱到床上时，我手里还攥着牛肉干。

那个晚上，我像发现了新大陆，那种感觉既奇妙又似曾相识，仿佛在哪儿发生过，那么舒适自然。

之后的十年，我从这项活动中收获了家族的传家宝。那是一种讲故事的技能、一种讲述者的传承身份。日渐成熟后，我明白了法律工作只是家族几代人的事业，而真正流淌在我们血液里的是对沟通与交流的热爱。

众望所归，我后来考入法学院，成为一名出庭律师。

我做律师十年了，还没有发现哪个职业和律师相似。客户花钱委托我处理一些麻烦，而对方也花钱委托律师来找我麻烦。所以，每天和我打交道的人都是想方设法赢我的"敌人"。尤其是在涉及陪审团审判的案件中，失败的代价太大，不容有误。我自己的谈判技巧，以及我传授给委托人的谈判技巧是否起作用，决定了委托人今后是能正常生活还是要承受牢狱之灾。对我来说，每起案件都是一门新的课程，要学的包括传唤证人、交叉质询，以及如何在法官或陪审团面前开展辩论。我所有的目标都是解决各种冲突。

你要是以为我的沟通技巧来自法学院的课程，那你就错了。法学院教学生学会运用法律，包括合同法、侵权法、宪法，另外还有州和联邦的程序规则等重要的知识。但你在课堂上学不到怎样用同理心交流、怎样平息激烈的争吵。法学院教人读懂法律，而非读懂人心。

我只能靠自己摸索。

"喜欢吗？"妹妹萨拉（Sarah）含着安抚奶嘴，用细细的嗓音奶声奶气地问我，同时从手里递来第五个"隐形"煎饼。而我作为四个孩子中的老大，很喜欢这种当大哥的感觉。

那年我 13 岁了，和弟弟妹妹们的感情非常融洽，对他们来说，我说的话比爸妈还管用。无论走到哪里，我都会如母鸡般把他们护在我的羽翼之下。从 16 岁开始，我驾车送他们回校，顺便在途中帮他们复习单词拼写。

大家可别误会我的爸妈，他们疼爱孩子，是非常出色的父母。在我的妹妹出生之前的四年里，他们在我身上倾注了大量心血和充沛的爱，培养了我作为哥哥的优良品质，而我也发自内心愿意承担起这份责任。

作为家中长子，我理所当然要情绪更加稳定、做事更加积极主动，为此我从小就开始锻炼沟通的基本技巧。

很快，我学会了对萨拉表达认可，就是佯装吃掉她的"杰作"，然后笑着说："哇，真好吃。"对于小妹萨拉，柔声细语显然比怒气冲冲的呵斥更管用。而弟弟又不同。乔纳森（Jonathan）说话前习惯一直喊我的名字（他们叫我布巴，这是居住在美国南方的人们对家里最大的孩子的爱称），然后开始结结巴巴地说话。我会耐心地等待，边点头边重复他的话。这让他觉得哥哥懂他在说什么。有个时期他说话只会发单词的元音，不会发辅音，因此我义不容辞地充当他的翻译。我还能感知他的身体语言，提前了解他的状态，避免让他感到沮丧。年纪最小的雅各布（Jacob），是三人中最情绪化的。他过于敏感，容易发脾气。所以，我和他沟通时会放慢语速、降低音量，而他也会有样学样。我学会等弟弟去感受自己的情绪，并且明白这些情绪并不是冲我来的。通常，一个温暖的拥抱胜过一切语言。每个弟弟妹妹都有独特的个性，我需要用特定的方法去和他们相处，这样才能和他们建立更深的联结。

作为大哥，我学到的最重要技能就是调停冲突。当我的两个弟弟因为抢妹妹的"口袋波莉"娃娃屋①而发生争吵时，我会让他们立即停止吵闹，挨个说自己的看法，然后由我来做出裁决。我会裁定轮到谁玩，然后先玩的人要遵守约定。这种方法基本上百试百灵。我变得越来越擅长引导我的弟弟妹妹们，教他们沟通表达自己的需求，同时理解别人的需求。在日常生活中，我常常为他们之间的沟通做出榜样。

如今，我结了婚，有了两个孩子，也经常需要与他们沟通和协调。在我生命的每一个阶段、每一段关系及每一个朋友圈子里，我始终担任积极沟通的角色。你或许认为沟通技巧不过是话术而已，但我深知不止如此。在我的成长过程中，爸爸每晚会坐在我的床边，附在我耳边轻声为我祈祷。我相信祈祷的力量，倘若没有我父母的祈祷，你们不会有机会读到这本书。

2020 年，我成为一家知名辩护律师事务所的合伙人。尽管事业小有所成，我却倍感压抑。在工作中，我总感觉自己像是在拖着降落伞奔跑，举步维艰。我不停地打官司，收入增加了，工作却毫无新意。

彼时爸爸和我在同一家公司工作，这令我另谋出路的打算变得难上

---

① "口袋波莉"娃娃屋（Polly Pocket）是一种迷你玩具系列，通常包括一个小型塑料娃娃和一个可折叠的玩具房子。——译者注

加难。我第一次告诉爸爸我有辞职创业的想法时，我们的谈话不欢而散。坦白讲，我们谈了几十次，甚至我向公司提交辞呈时，他还极力挽留我。那段时间里，只要提到这个话题，我们父子之间必定会出现争执。

2022 年 1 月，我做了两件事情，一切因此而改变。

第一件事，我创办了自己的律师事务所 —— 费希尔律师事务所（Fisher Firm），专门处理人身伤害案件的纠纷。

刚开始时，我既没有办公室，也没有助理，甚至连台打印机都没有。我背着笔记本电脑在各家咖啡店流动办公，有时还会借用朋友闲置的办公室。好在我很快签下了客户。哇，那种成就感简直太棒了！我在切切实实地帮助真正有麻烦的人。终于，我切断了拖慢我的"降落伞"，开始加速前进。

第二件事，我在社交媒体上发布了第一个短视频，分享自己对于沟通的建议。

起初，我想通过这种方式来吸引客户。但我见过不少律师的短视频，多数都是自我推销，把网络当广告牌，告诉人们在发生事故后该怎么做，以及该联系谁。我甚至也试着拍了几段，但总感觉别扭。我脑海里浮现出这个画面：视频中律师的头像几乎占了满屏，他们拿着锤子、喷火器，戴着拳击手套，不顾身份地喊着："您是否遭受了意外伤害？我是来自得克萨斯的索赔专家！现在联系我，将帮您争取到应得的赔偿金！"想到这里，我身上的鸡皮疙瘩都起来了，真让人受不了。更重要的是，这完全不是我本人的风格。

于是我另辟蹊径。我不打算做这种推销，而是想免费为大家提供具有实用价值的建议，不再图利己，而是利他。从今往后，我将始终坚持做真正的我，一如既往的那个我 —— 杰斐逊·费希尔。

要怎样做才能真正帮助到大家呢？

我想要提供的，是那种能为人们的工作和生活带来光明和善意的、与他们息息相关的建议。我想起了父母对我的启发。每当我不知怎么开口和对方沟通时，父母总是会提点我："想想看，你希望他们从你这里获得什么信息呢？"想到这里，我豁然开朗了。我要跟大家讲我最熟悉和擅长的知识，我想帮助人们学习如何进行有效的沟通。

虽然没有炫酷的直播间，也没有先进的摄影棚，但我有一辆车、一部手机，这就足够了。我把手机调成自拍模式，然后按下录制键。当时我灵光乍现，决定录一段视频，题目就叫"如何像律师一样辩论（第一部分）"，并提炼了三个要点。于是，我坐在没有装饰的驾驶座上，对着手机屏幕给大家讲如何简明扼要地提问、减少情绪化用词，以及避免用脏话 —— 太多的脏话就如同重口菜肴一样令人反感。我听人说视频里要有个行动口号，所以我在视频结尾加了一句："试试这些技巧，然后关注我吧。"说到最后一个字时，我自然地把手放在嘴边做了一个告知的姿势。我录完后发现效果还挺不错。接着，我深吸一口气，将这段 47 秒的视频发布在了社交媒体上。

发完视频后，我并没有抱有太高的期待。有很长一阵子，我所有视频的浏览次数都是零。我还在谷歌上搜过"为什么我的视频浏览次数为零"和"我该怎么制作短视频"。

但接下来发生的事情让我始料未及。一小时以后，我那条"如何像律师一样辩论"的视频浏览量开始激增，很快达到了上千次。到了第二天，浏览量已达数百万次。老实说，我最初可没有想过会有这么高的浏览量。那就意味着，会有数百万人看到我女儿粉红色的儿童汽车座椅、儿子的吸管杯，以及我随意的穿搭 —— 休闲 POLO 衫配西装外套。这不怪我，哪个普通人在早上穿衣时会想着自己即将被数百万人看到呢？

好在，人们似乎并不在意这些细节。我把自己生活中的真实状态呈现给大家，反而让大家觉得我们像是在面对面说话。视频中没有任何推销和花招，只有真实的交流。

"那接下来我要做什么？"我征求一位朋友的意见。她回答我说："当然是制作更多的短视频啊。"

我照做了。

那一年，我在社交媒体上拥有超过 500 万名粉丝，其中包括数百位知名人士和其他公众人物。所有给出沟通建议的视频，都是我坐在驾驶座上通过 iPhone 手机拍摄的。而且，我采用了统一的拍摄模式：地点选在下班途中方便停车的地方，一个人在车里自拍。无需剧本，当天拍当天发。视频没有经过剪辑，也没有任何华而不实的设计，只有我，举起手机向大家展现真实的自己。

在视频里，我总是在车里独自讲述。不过，很快我就有机会在现实中和成千上万的观众见面了。我在各种会议上做主题演讲，向一些机构组织讲授我的沟通技巧，包括美国国家航空航天局。其实每次登台演讲时，我都有种如在梦中的感觉："这么多人居然都是在等我发言吗？"多达 25 万名电子邮件订阅者每周等着收到我通过邮件发送的沟通建议。此外，我还与企鹅兰登书屋（Penguin Random House）签署了书籍出版协议，开始撰写你手中的这本书。我推出了杰斐逊·费希尔播客（The Jefferson Fisher Podcast），该播客的播放量一度攀升至全球沟通类节目排名的榜首。我还创建了一个精彩的在线社区，在里面提供丰富的资讯和课程，帮助人们通过实用的方法提高沟通能力。在各大平台上，我的视频的观看总次数已超过五亿次。感谢上天的眷顾，每天我都能收到许多善意贴心的感谢信，这使我感到非常荣幸。我从没想过自己可以通过这种方式切切实实地帮助到他人。此刻，文字无法表达我心情的万分之一。

我现在仍然忙于法律工作，帮助全国各地的人处理个人伤害案件，并为他们联系可靠的律师。但我依旧坚持每天录制一个简短的视频，在结束时说"试试这些技巧，然后关注我吧"。数以百万计的人尝试过我的方法并关注了我，为此我想再次发自肺腑地说一声感谢。

我做梦也没有想到自己能走这么远。

然而，我的收获远远超过自己梦想得到的。

就在我的费希尔律师事务所开业五个月后，我爸爸离开他工作了 35 年的老东家，加入我的律所，只为能和儿子一起并肩奋斗。"你这里还有给老头子的位置吗？"他微笑着问我。我激动得说不出话来，能和爸爸一起奋斗自己的事业是我梦寐以求的事。写到这里，我不禁热泪盈眶，那是幸福的眼泪。

下次对话，
将改变一切

导言

在发布第一个视频后不久，我开始收到成千上万条信息。它们数量太多，我无法逐条阅读，更别说每条都回复了。大家都在通过信息向我寻求建议。

他们并没有问宗教或政治这类高深的问题，他们的问题甚至跟法律无关；他们问的反而都是些日常生活中的小事，是每个人都难免遇到的棘手问题，其中有家长里短，也有令人同情的伤心事。

> » 怎样应对总是否定我想法的上司？
> » 女儿长大成人后和我多年没有来往，我该对她说些什么呢？
> » 合作伙伴总认为自己的意见才是正确的，我该怎么跟他交流呢？

这样的信息有成千上万条。我开始明白，虽然问法各不相同，但其实大家想要的答案不是要**说什么**，而是要**怎么说**。

读到这些问题，我不禁又想起父母的话："想想看，你希望他们从你这里获得什么信息呢？"到目前为止，当我问这个问题时，还没有人不知道自己想要获得什么信息，他们总是很快地告诉我答案。其实每个人心里都明白自己想表达的是什么，那是他们内心的真实感受 **——我希望对方知道这样做让我很痛苦；我希望对方理解我需要个人空间；我希望对方明白我为什么不高兴**……以上这些情感是人们心中自然产生的，但用语言传达给他人，显然并非易事。

吐露心声这么简单的事，大家做起来却往往事与愿违，这种情况确实令人沮丧。

如果你找到了这本书，我想你可能在寻找同样的答案 —— 解决现实问题切实可行的方案。你不需要知道"**是什么**"，你需要知道的是"**怎样做**"。如何做到既能表达自己的观点，又能尊重他人的看法？如何做到为自己争取权益的同时不破坏人际关系？在表达看法时，如何在展现真诚和同理心的同时，还能向对方表明自己是个有主见的人？

答案很简单，那就是建立人际联结。

你可以在本书中找到更多诚挚的答案。

我为何写这本书

我写这本书有三个原因：

>> 顺应平台观众的要求。这本书是我为他们而写的。

>> 传授我所知道的技巧，帮助你改善下一次对话的质量。

>> 为我的孩子、家庭保留一份我个人的思想印记。

在阅读正文之前，我希望大家明白非常重要的一点：书中的沟通技巧不是从别处抄来的原则。除了少数内容来自心理学、神经科学、行为科学等领域的研究成果，你不会看到太多援引自别人的内容，书中内容都是我从生活经验中积累的知识和沟通技巧。

我不是治疗师，也不是心理学家。如果本书中我所说的任何内容与某专家的意见不一致，请采信该专家的专业意见。另外，我不会要求你去识别自己的依恋类型，或测试你的冲突类型。如果你希望深入研究最新的统计数据，或者有关将蜜蜂的社会动态模式应用于改善沟通的案例，我可能也不是你想找的人。

我写的是在现实生活中应对争论、分歧、激烈辩论和艰难对话的经验。

本书提供的是本人家传的、务实的建议，是教科书和课堂上学不到的知识。

世界上的很多人或许都需要这些知识。

这本书将如何帮助你

我是一名出庭律师，但你读到的内容和法律不会有半点关系。这本书不是一本讲述我职业生涯的书，也不是关于律师的书。

本书讲述的是如何以坚定自信的态度大胆发言，如何开诚布公地说出自己的全部想法，并坦然接纳自己在那一刻的紧张不安。

本书讲述的是如何言你所想、行你所言。

不要想着息事宁人，即便紧张得声音颤抖，也要鼓起勇气表达自己的看法。

坦言相告并不代表你缺乏仁慈、不关心他人的感受。直截了当的态度恰恰表明你有足够的自信，在互相尊重的前提下，你能无所畏惧地表达需求。

此外，即使你不是坚定自信之人，也可以坚定自信地表达自己。这就是本书要传授给你的技巧——如何表达。

在书中，我将解答以下困扰我们已久的难题：

» 如何与防御心强的人进行沟通？

» 当有人贬低我时，我应该如何回应？

» 如何清晰地表明我的边界？

为帮助你解答这些问题，我将本书内容分为两部分。第一部分教你如何与自我建立联结。这听起来有些玄乎，但其实不难理解。这部分讨论的是发生冲突时，你应该以何种心态看待冲突。更重要的是，你要借助正确的心态争取更好的结果。第二部分则指导你如何利用正确的心态与他人建立人际联结。无论是处理艰难对话，还是维护自身利益，在不同的对话环境中，人际联结的体现方式也会有所差异。但无论身处何种对话环境，我总结的三项规则都能协助你建立人际联结：

» 表达时展现出自我控制力。

» 表达时要有自信。

» 表达的目标是建立人际联结。

每一项规则对应的技巧均经过实践检验，这些技巧能方便你快捷地应用规则。本书将向你展示使用自信的沟通方式时应该说什么、怎么说，以及它会带给你什么样的感受。同时，你将会从我生活和工作的真实案例中获得经验。此外，书中假设的对话场景，里面肯定多少会有你自己的影子，能够引起你的共鸣。你可以学会应该说什么、不该说什么，以及该怎么说。

读完整本书，你将清除艰难对话中的障碍，在生活中做更真实的自己，拥有真正的友谊和人际联结，以及真正实现个人成长。你将发现，无论在家庭或人际关系方面，还是在日常工作和会议中，真实的自我开始显现。你回复短信和电子邮件的方式将大为改变，所有人都会明确了解你的立场。你还会见证自己不断增长的自信转化为你的个人信誉的过程，对此，我拭目以待。

如何运用本书

在阅读本书或观看我的视频时，你可能想问：这么多内容，我要怎样才能记住并运用呢？

我的回答很简单：你无须记住所有的内容才开始运用。你不要想着一口气读完所有内容，然后马上就能信手拈来。因为短时间内处理太大量的信息，就好比要从消防水管喷涌的水中直接喝上一口，肯定无法如愿。

你可以选择一节课，先练习起来。

选一个你感觉最有用的小技巧，立即运用起来。比如说，你对第七章中有关过度道歉的内容非常认同，那就专门练习这节课的内容。首先，找一个最佳的提醒方式，比如，写在显眼的地方，然后大声读出来，或者让你的密友监督你。接着，你需要抓住一切机会开始练习。当你意识到自己将说出不必要的"对不起"时，从你要表达的内容 —— 每句话、每封邮件及每条信息中，把它去掉即可。

要下定决心严格遵守这个建议。当你能坚持一周不做任何不必要的道歉时，再开始学习下一个建议。

在这本书中，我精心挑选收录了许多沟通建议，这些建议部分来源于我最受欢迎、广为传播的视频，还有部分我之前从未公开分享过，是本书读者独享的福利。如果你在社交媒体上关注过我，继而找到了这本书，那么伙计，我还是你熟悉的那个杰斐逊！很高兴，我终于有实物作品问世了。本书可供你写下笔记，还可以撕下来，整理成你需要的样子。我相信你会发现等待这本书所花的时间没有白费。它会让你的心中所想被表达得更充分，让你所说的实现得更彻底，让你不再害怕与他人沟通自己的需求。

现在就请坐上我的车，我会带上 IBC 根汁饮料、牛肉干和我的故事出发。你已经在通往下一次对话的路上，这次对话将改变一切。

目录

第一部分

基本要素

下次对话，
将改变一切

你对沟通的重要性应该已经了解，无须我多说。下面我要告诉你的是，沟通的影响范围能有多广。

你所说的话会引发涟漪效应（见图 1–1）[1]。

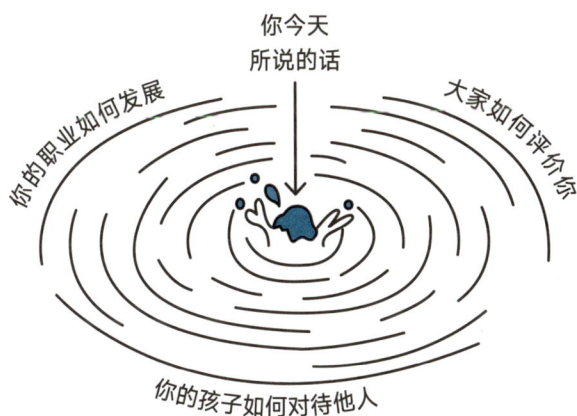

图 1-1　涟漪效应示意图

---

[1] 涟漪效应（a ripple effect）描述了初始事件引发的连锁反应及其逐渐扩散的过程，该概念被广泛应用于社会学和心理学等领域。——编者注

无论你自认为多么微不足道，无论你自认为是大人物还是小人物，你说的话所拥有的影响力，其深远程度都有可能超出你这辈子所见的任何事物。

你和同事或柜台服务人员的交谈，可能会影响到他们回家后与朋友和家人的交谈。你和孩子交流的方式，也会影响到他们将来和自己孩子交流的方式。你的言辞不仅影响当下，还会影响到你永远不会见到甚至想到的未来几代人。因此，对合适的人说合适的话，可以改变很多人的人生。

诚然，行动胜过语言，但反过来，行动无法替代语言。倘若你不说善意的话，又怎能说自己是个善良的人？

你的语言呈现了一个怎样的你？

石子投入水中，很久以后涟漪还在不断扩散。

在"基本要素"这一部分，你将学到一种心态，帮助你形成影响力的波澜，积极推动你人际关系的共振。这种影响将贯穿你的一生，甚至更久远。

第一章

争论莫论输赢

"我信不过你！信不信我这就把你扔出去！"他大声吼道。看那架势，他没把我扔得远远的，确实算抬举我了。

他身穿深棕色连体工作服，胸前口袋绣着名字"拉普雷"。此刻，博比·拉普雷（Bobby LaPray）双眼喷出的愤怒火苗，仿佛要把我的西装烧出个洞来。

通常，在庭外质询的过程中见到证人之前，我并不知道他们的长相。但无论我此前怎么想象博比·拉普雷的样子，都和眼前的他大相径庭。当时，我坐在会议室的桌子旁等人到齐，抬头时看到一个巨人般的身影。那个巨大的身躯几乎占满了整个门廊。出于习惯，我起身走过去和他握手并自我介绍。

"杰斐逊·费希尔。"我微笑着说道。

"哼，博比。"他小声嘟囔道。

我身高超过六英尺，不算矮小，但和山一样高大壮实的博比·拉普雷站在一起时，才勉强与他的胸口平齐。当我们握手时，他攥紧我的手，就像《猫和老鼠》中汤姆抓住杰瑞那样，都把我的手捏出印子了——我还从没有遇到过像他这般体格惊人的家伙。

该案件涉及一起酒吧斗殴，我的当事人是一名被卷入斗殴的旁观者。作为案件审理的一部分，我需要让涉事的目击者博比·拉普雷进行宣誓作证。这样，我就有机会让目击者在宣誓后回答我的问题，从而在庭审前了解他们掌握的信息。

围着会议室的古董桌子顺时针坐了一圈人，依次是法庭记录员、博比·拉普雷、对方律师和我。法庭记录员将会记录下所有的细节。按要求，博比举起右手宣誓，之后法庭记录员循例向我点点头，示意可以开始了。

我先问了博比·拉普雷一些简单的、开放式的例行问题，包括他的背景及本案中斗殴的起因。诸如，您什么时候到的？您最初是在和谁交谈？您有没有见到某某？或者，您有没有做过某事？通常，这些问题可以从目击者角度按时间顺序还原整个事件。我在提问过程中始终保持态度和蔼、彬彬有礼。之所以这样做，90% 出于我的品性，10% 则是出于自我保护的需要——我可不想惹恼这个大块头。

尽管我问的都是很温和的问题，但是博比·拉普雷显得越来越烦躁。职业的敏感令我很快觉察到了这种情绪变化：每回答一个问题，他的眉头就皱得更紧，这是负面情绪的迹象；他的呼吸变重，用鼻呼吸改为用嘴呼吸，这是压力在增加；他讲话时不停地绞着大手，这是焦虑的表现。

这种焦躁显然不是因为我做错了什么，而是博比对我这个人感到厌烦。我感到气氛随着博比·拉普雷的躁动而变得紧张，像气球越吹越胀，眼看就要爆炸了。

于是，我停下来，问："博比·拉普雷先生，您需要休息一下吗？"

房间瞬间变得安静。

"不用！"博比·拉普雷清了清嗓子说，"我还有话要说。"

他陡然提高了声量，把法庭记录员吓了一跳。我瞥了一眼对方律师，他看起来年纪超过 65 岁，但神情比我还紧张。我们眼神交汇的瞬间，他缓缓摇头，似乎在说"万一出什么岔子，你得自己兜着了"。

"哦？您请说。"我转身看着证人，回答道。

博比·拉普雷深吸了一口气，开始爆发："你不用跟我来这一套（套近乎）。"

他倒是没有说出"套近乎"这几个字。

"全美国最坏的就是你们这帮律师，"他继续吼道，"你们只会撒谎！"

他猛地一拍桌子，抬起手指着我的鼻子重复道："你就继续提你那些愚蠢的问题吧！告诉你，我信不过你！全美国最坏的就是你们这帮律师！"

法庭记录员看上去很担忧。

那一刻，我脑海中闪过无数念头。

首先，这种针对律师，特别是人身伤害案律师的侮辱性刻板印象我早已司空见惯（坦白说，一些律师确实难辞其咎），我也一直身体力行地改变这种印象。因此，对于贬低或讽刺我的职业的行为，我并不在意，我能理解。

其次，我并不怪他说信不过我。我知道责任并不在我，而是他以往经历了有关法律、律师及"制度"的种种糟心事，于是把我当成了替罪羊。他不信任我，我也能理解。

触怒我的是"愚蠢的问题"这个说法。

我十分清楚，我每天可能会做许多愚蠢的事情，但我绝不会提出愚蠢的问题。

那一瞬间，怒火涌上心头，我全身紧绷、耳朵发烫、坐立不安，感觉到自己开始进入防御状态。到目前为止，我的问题仅仅触及皮毛，没有任何刁难、令人不适的地方。我心想，愚蠢？我这就让你知道什么是真正的愚蠢。我忍不住想在体型和智力上对他加以嘲讽，以我的口才，几句话就能切中要害，然后胜利就属于我了。我对自己说，他活该，因为他的这番话已足够说明他是个什么货色了。

可冷静下来一想，其实我以前也有看走眼的时候。

记得在我读三年级时，学校开展阅读伙伴计划，让阅读能力强的学生和不太会阅读的学生结对。就这样，我和埃文（Evan）成为阅读伙伴。我们每周在图书馆上两次阅读课。我们一起坐在豆袋椅上，他开始磕磕绊绊地向我朗读比尔·马丁（Bill Martin）[①]的《棕色的熊、棕色的熊，你在看什么？》(*Brown Bear, Brown Bear, What Do You See?*)[②] 这种适合低龄儿童的书。

埃文的个头比我高很多。我不理解，他看着人高马大的，竟然不太会阅读。我的任务是帮他拼读他不认识的生词。不过，就算在我的帮助下，他还是感到阅读很困难。于是我又想了很多特殊办法帮助他理解和记忆生词，比如，用易记词联想、用身边的东西类比记忆等。我用一些小技巧，使复杂的概念变得更简单易记，慢慢激发了埃文对阅读的兴趣。

有时候，阅读课会安排在午餐时间。我的午餐袋子是一个表面有个手绘笑脸的棕色袋子，里面装着妈妈当天为我准备好的午餐。这时，我

[①] 比尔·马丁，美国作家，拥有早期儿童教育的博士学位，并长期致力于通过押韵和节奏来教授儿童阅读。——译者注

[②] 《棕色的熊、棕色的熊，你在看什么？》是比尔·马丁和埃里克·卡尔（Eric Carle）合作的经典畅销作品。这本书的目标读者主要是学龄前儿童，通常推荐给 2 岁到 5 岁之间的孩子。——译者注

看见老师从食堂为埃文端来午餐。

原来埃文的妈妈没有为他准备午餐，而且我注意到，他没有一件衣服是合身的，他的衣服总是大了好几个尺码。

有一次，我们在复习"扔（throw）"这个单词时，我把单词和他扔球给爸爸的场景联系起来，试图帮助他理解。

埃文却冷冷地说："我连我爸是谁都不知道。"

我清楚地记得，听到这话我当场哑口无言，心里为他感到难过。后来我才知道，埃文一直和祖父母一起生活，父亲在他出生后不久就离家出走了，母亲则还在狱中。而我作为一个才三年级的小学生，无法体会他那种家庭环境和他面临的实际困难。在我的世界里，慈爱的父母每晚会为我读书、讲故事。所以，我只知道，他生活在一个我完全陌生的世界里。

这个阅读计划从秋季学期一直持续到下一学年。埃文的阅读水平逐渐提高，已经可以独立阅读了，我对此感到无比自豪。可以说，小时候看到埃文内心的挣扎是我生命中具有决定意义的时刻，这堂课让我刻骨铭心。

面对身高貌似有十英尺的博比，讽刺、挖苦只会让我自讨苦吃——不用说，我的脸会挨上一记拳头，还可能搞砸这次庭外质询会，令我无法获得本案的关键信息。"**放下吧，杰斐逊。**"我在心里默默说。我无声地用鼻子呼出长气，放松肩膀，逐渐打消了报复的念头。

我转而好奇令他如此失态的原因。任何时候，如果一个人从对话初时的寒暄突然一下子直接提升到冲突的地步，这个现象本身就透露出某种信息。这表明，在这个人的心里还有其他的对话记忆，而你对此一无所知。这些埋藏的对话占据了对方的思想，控制了对方的反应。你所看到的只是对方表露出来的部分，犹如冰山一角。

到底是什么引起他做出如此强烈的反应？我面对的这个人究竟是谁？我想弄清楚答案。

我在他说完"全美国最坏的就是你们这帮律师！"后，静静等待了一会儿，然后微微一笑，用缓慢的语速说："嗯，也许你是对的。"我把身体靠在椅背上，眼光扫视四周，又等待了一会儿。感觉自己准备好后，我身体前倾，前臂放在桌子上，问道："那么，我想请您说一下，您今年遇到的最大的困难是什么？"

博比·拉普雷一下子没反应过来，抬头看着我，带着轻蔑的表情问："你想知道什么？"

我重复道："就您个人来说，今年最大的困难是什么？"

听到这话，博比·拉普雷脸上的表情竟开始缓和了。他平静了下来，眼神表明他似乎正在组织语言。我不动声色地等待着。过了一会儿，他终于开口说话了。他讲得结结巴巴、犹犹豫豫的，好像在说什么羞于启齿的事。

"呃，上个月，我不得不把老母亲送到社区养老院去。我爸很久以前就去世了，我哥是个混混，也没个固定住处。我是老妈身边唯一能帮助她的亲人了。办那些手续需要很多文件，而且那些法律程序我也没搞懂。"

眼前这个汉子似乎矮了半截，那么沮丧、无助，和两分钟前还朝我大发雷霆的博比·拉普雷简直判若两人。

我先听他把话说完，停顿了一下，然后温和地说："对不起，我难以想象这种感受有多么糟糕。"他抿了一下嘴唇，微微点了点头。

"但我想告诉您的是——"我坚定地与他对视，"您是个好儿子。"

博比·拉普雷马上低头，避免让我看到他的脸。他那宽阔的肩膀微微颤抖——像冰雪融化在巨石上，身材魁梧的博比·拉普雷开始抽泣起来。

我当即让法庭记录员暂停记录，中场休息一下。"不要紧，"我安慰博比·拉普雷，"您慢慢讲，我会坐在这里陪着您。"

博比·拉普雷含泪告诉我，他很担心妈妈的身体，还说他收到了好些信件，威胁要没收他妈妈的房子。毫无疑问，所有这些信都是律师发给他的。他对银行和政府机构需要的手续也束手无策。他多么希望爸爸还活着，能帮他处理这些麻烦事。我心里为他感到难过，然而如同对待当年的埃文，我也无法体会博比·拉普雷所处的世界。

博比·拉普雷长久以来独自承担了这一切。借此机会，他在我面前用足足20分钟倾诉了自己的苦衷。在征得他的律师的同意后，我向博比·拉普雷要了他的电子邮箱地址，当场用手机给同事写了一封邮件，这位同事专门处理老人的法律事务和财产安排。我写完后抄送给博比·拉普雷。几分钟后，同事愉快地回复，同意下周一安排和博比·拉普雷会面。

"谢谢您。"他对我说。

"不客气，非常高兴能帮助到您。现在感觉好点了吗？"我问道。

他用力吸了吸鼻子，用袖子擦了擦，然后坐直了身体。

"好多了，"他咧嘴轻轻一笑说，"我现在可以回答您的问题了。"在接下来的证词问询中，和我谈话的是真实的、敞开心扉的博比·拉普雷。他的回答直接、坦率，语调轻松活泼，偶尔还插上几句俏皮话，完全不是之前那副要把我扔到九霄云外的样子。

"好的，全部完成了。"我最后说道，"我的问题问完了。感谢您花费的时间。"

我们都站了起来。我伸出手，打算告别后朝门口走去。我已经准备承受再次被巨掌死命攥着的酸爽，没想到博比·拉普雷张开双臂，给了我一个大大的拥抱。我动弹不得，只能微笑着回应："保重。"

我被他整个抱起来，不用看我也知道——我的脚都离地了。

你看到的那个人

现实中，我经历过无数次类似的互动交流。有时候，对方处于博比·拉普雷的位置；而有时候，我是那个博比·拉普雷。是什么使对话最后发生这样的转变？在争论中，为什么当你放下赢的念头时，反而更能接近自己想要的结果？在建立人际联结的过程中，究竟是什么力量能让你在对话中占据有利地位？在沟通中，你又该如何激发这种力量呢？

大家很自然地觉得沟通就应该直截了当、简单明了。理想的世界就应该是这样——你只要说："你错了。"对方就立即承认："哦，你说得对，是我错了。"或者有人说："我很好。"这句话唯一的解读就是他们确凿无疑很好。这种观念认为，表面所见即对方心里所想，就像靴子永远应该合脚。理想中的世界本该如此，亦将如此。

但现实往往相反。

你说某人错了，他却更加坚信自己是对的。有人说他没事，他往往不是真的没事。现实远不是表面看上去的那么简单。基于这一点，我想说明这本书的一个核心主题，希望你不但能从逻辑上理解它，更能从内心真正地接纳它：

和你交谈的人，并不是你表面上看见的那个人。

人好比河流，同样也有水下的暗流。你的眼睛和耳朵从表面上可以捕捉到一个人身体的表现，这些信息形成了你对他的认知和判断。然而，表面之下的才是他真实的内心世界。例如：

» 你表面看到的同事显得烦躁和不耐烦，此刻和你交谈的他其实正为劝说兄（弟）去戒毒而心急如焚，彻夜无眠。

» 你表面看到的收银员显得心不在焉，此刻和你交谈的她其实在为孩子开学用品的费用发愁。

» 你表面看到的配偶心情紧张且易怒，此刻和你交谈的他／她其实是因为收到了无礼客户的电子邮件，故而心烦意乱。

我之前举的例子中，我表面看到的这个魁梧的男人显得咄咄逼人、充满防备心，然而，和我谈话的博比·拉普雷在心中为他的妈妈担忧，感觉孤立无援。你正在交谈的人——那个你还不了解的人，才是你在冲突产生时需要接触的人。你不仅要明白表面之下会隐藏很多不为人知的信息，还要学会如何与对方的内心建立联结。那么，究竟应该怎样做才能进入对方的内心世界呢？

倾听他人内心的挣扎

当博比·拉普雷骂我提的问题愚蠢时，我极力想证明他是错的。在那一刻，案件的需求被迫让位给我自身的需求。我渴望证明自己是正确的，完全没有考虑其他的解决办法，我一心只想要赢，这也是律师的职业特点使然。

"哦，你是律师？那你辩论一定经常赢吧。"我时常会听到这样的评价。然而事实并非如此。

市面上有不少书，声称能教你赢得每一场争论，这些书的作者以为你要的只有赢。如果这也是你购买这本书的原因，那么我劝你退掉它。争论必定能获胜这种营销话术早已泛滥成灾，而且往往无法兑现。这种论调并不是本书的主旨，我会在下文告诉你原因。

其一，即使赢了，你的观点也并不见得正确。

其二，就算赢了，你可能也一无所获。

往往争论赢了，结果却满盘皆输。赢，意味着你或许会失去一些更加宝贵的东西——对方的信任或尊重，甚至人际联结。如图 1-2 所示，你唯一赢下的，只有对方的鄙视。

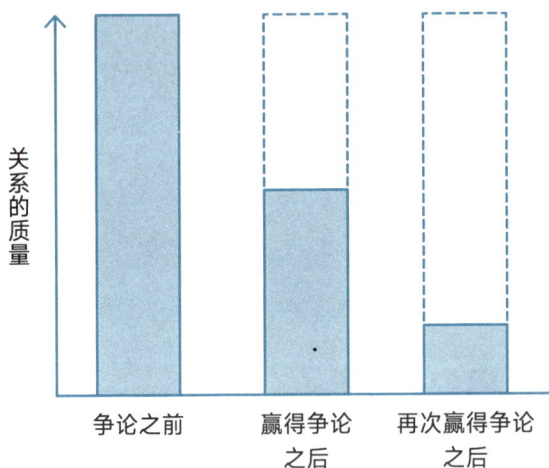

图 1-2　争论中赢家的"战利品"

这样做有什么意义呢？争论结束了，意味着对话也终止了。恭喜你，你赢了，但是你又得到了什么呢？不但感情受伤，双方陷入尴尬的沉默，而且问题仍未解决。你很可能仍需再找机会和对方沟通，仍然需要和对方共同生活或一起工作。如果你说了很过分的话，那么你甚至还欠对方一个道歉。相比之下，胜利后骄傲的感觉不过是稍纵即逝的快感，而关系被破坏才是长久的损失。

出庭律师在辩论中其实也谈不上赢。无论是事实，还是法律依据，这些都是不能自行选择的，都必须经过法定的筛选程序，然后由法官或陪审团根据证据来决定适用的法律。这个过程重在让事实说话，而非谁赢了辩论由谁来说话。

由于沟通中存在竞争关系，整个社会认为世界被简单地划分为"对"与"错"或是"赢家"与"输家"。所以，政治辩论结束后的第二天早上，人们首先问的必定是："哪一方赢了？"其实，远在古希腊时期，辩论和输赢毫不相干。关于对立观点的辩论，是追求真理的过程。在辩论中揭示对方论点薄弱之处是为了强化和完善这个观点，而不是要否定它。古代的辩论往往会持续数天，甚至数周，以便每个人都有足够的时间去研究有争议的话题，并形成自己的观点。

然而，现代的趋向正好相反。我们选择将对话渠道关闭，而不是通过不同的看法来启发思路，从对方视角学习；我们选择将对方的观点视为对自己的威胁，而不是去加深对其的理解。我们对社交媒体趋之若鹜，仿佛它是自家的喇叭，专门用来标新立异。

坦白说，那些贬低你的帖子，有多少能真正改变你的想法？你批评别人的帖子，又有多少改变了他们的看法呢？从来没有。世界不停运转，新闻条不断滚动，翌日醒来，昨日的新闻已无人过问。所以，输赢重要吗？争赢了你又能证明什么？

最快失去内心平静的方法，就是向对方发泄情绪。赢了争论或许助长了你的自负，但你的内心仍未满足。非要在对话中争个高低，很少能真正给你带来好处。这正是我极力试图告诉你的真相：

争论莫论输赢。

对话中无论是争辩、激烈的讨论，还是小摩擦，你的目标都不是要"赢"，而是要**化解矛盾**。只要从一团乱麻中找到线头，理清问题的核心，你终能找到症结所在。

这正是本书要探讨的内容，即在人际关系中找到那些难解的"结"。在交往中，当你遇到一团乱麻的棘手情况时，相信你会对此唯恐避之不及。解开这些麻团费时、费心，也费力。而这恰好揭示了沟通中冲突的实质——它是一种内心的挣扎。

争论是看见对方内心挣扎的窗口。在每个艰难对话中，任意一方总会在某个时候遇到那个坎。这个坎的形成原因可能是你没理解对方的意思，或是你情绪极度低落，抑或是双方存在分歧。这种情况不能单纯地看作意见不一致，它其实是两个世界之间的冲撞，是彼此看待事物方式不同而产生的矛盾。在对方每一句刺耳的话里，都藏着一个背后的故事和原因。如果你能保持自我克制，剥开争论的层层外衣，识破潜藏其中的挣扎、恐惧或期望，由此，沟通才能真正地展开。

说到底，重要的不是这场争论，而是透过心灵的窗口看见对方的世界。到那时也许你才明白，你一心追求的胜利并非你最需要的东西。

迎接挑战

大多数人明白，成功在于你将失败视为垫脚石而非绊脚石。接受失败是迈向成功这个过程中的一部分。从错误中学习，你会变得更强大。失败在沟通交流、意见分歧乃至对峙争论中所起的作用，亦是如此。失败之所以能够通往成功，是因为它指示了改进的方向，引导你提升人际互动的技巧。越重要的对话，就越需要有效地处理冲突。若处理得当，冲突非但不会引起对抗，还会提供一个机遇。如果你愿意去了解冲突，冲突会成为实现真正、有意义的人际联结的催化剂。

哪些人生经历形成了你对冲突的看法呢？

在你还是个孩子的时候，你对大人们大声反抗说："我不要！"或者不断反问父母："为什么？"这些其实都是你探索事物真相的方式，因为你想找到事物之间的因果关系。进入青春期后，单纯孩子气的反应开始转变，变成更为复杂的问题探索过程，例如，在家庭以外寻求地位和身份的认同。你所穿的衣服、所听的音乐，甚至所属的朋友圈子都成了你的个性宣言，宣示你想要成为什么样的人。步入成年后，提出不同看法不再是为了彰显个性，更多是寻求与他人的和谐共处之道。你的话题开始转向孩子、职业规划和房屋贷款，或者跟我一样，考虑要买哪种吸尘器，以及在爸妈的车库里找到的旧家具是否仍然"皮实"。作为成年人，你思考的重心发生了变化，心中的责任感增强，因为你需要顾全大局，对自己以外的人负起责任，比如年迈的父母或自己的孩子。你开始对政治这类更重大的议题产生兴趣。

虽然年龄增长了，但不确定的事情也更多了。面对这种状况，你常想起过去的经验——那些生活经历及成长过程中学到的行为模式。

问问自己：小时候看别人吵架的经历，对我现在的争论方式有怎样的影响？

如果原生家庭中解决冲突的惯常手段不是大喊大叫就是得理不饶人，那么你就算明知这并不是最好的沟通方式，但仍然觉得事情就该这么处理。反过来，如果在你的成长环境中，大家为了顾及面子而小心翼翼地回避分歧，或者因为介意隔壁邻居的看法对分歧避而不谈，那么一旦你被卷入争端，你很可能会感到惊慌失措。

记得小时候的一个夏天，我在朋友家过夜。他的父母就在我们面前扯着嗓子大吵特吵，把门关得砰砰作响。我当时感到极为尴尬。在我家，父母总是避免当着孩子的面吵架，他们要么在自己的卧室里吵，要么等到我们入睡后才吵。所以，当我看到朋友的父母争吵的激烈场面，我还以为他们肯定会当场离婚。但我的朋友呢？他连眼睛都没有眨一下。父母之间的争吵对他来说早已司空见惯、习以为常了。

在你的回忆里，有时身边的人处理冲突的方式会让你感到不舒服，见到所爱的人吵架时暴露出最恶劣的一面会让你感觉非常糟糕。而当某一天，你突然意识到自己在模仿他们的讲话方式和行为，哪怕只是甩甩手、阴阳怪气这种小毛病，便意味着你到达了成长的新阶段，开始意识到这些行为是不健康的。你不禁思考，如果知道如何能更好地处理冲突，将来自己的人生是否会比他们更顺畅？

如果图1-3是你的现状，那么我邀请你接受挑战，一起打破这个怪圈。

你说出的话   "你从来不听
                我说话！"

你内心的   我想要建立人际联结
真实想法   并获得理解

图1-3　沟通过程中的"怪圈"

与其认为争论是必须要赢的决斗，不如把它作为理解对方的机会。

不要只用耳朵倾听，还要用心去倾听。

要培养与对方建立联结的自觉性。

沟通过程中，我们需要接受失败并从中学习，将每次失败视为通往成功的垫脚石。要以更广阔的胸怀接纳积极和**真实**的人际关系，好比接受曾经敌对的人给你的一个热情的拥抱。

接下来要讨论的主题对你来说可能并不陌生。你已经知道要自信地表达并控制情绪，你也知道应避免过度防御并为自己挺身而出。现在的问题是"你说得没错，**但具体该怎么操作呢？**"

让我们从你接下来要怎么说开始。

本章小结　SUMMARY

- 和你交谈的人，并不是你表面看到的那个人。每个人都有表面特质和深层特质。很多时候，你从对方声音中感受的情绪，并不代表对方要发起争吵，而是在寻求人际联结。

- 不要误以为你必须得在争论中获胜。在追逐胜利的过程中，你反而会失去更多，比如，对方的信任或尊重。你应该把争论视作了解他人内心挣扎的窗口。

- 冲突可以成为生活中促进积极转变的催化剂。要驾驭冲突，你必须主动与对方建立人际联结。

- 将冲突转变为人际联结，可以为更充实、更有意义的生活铺平道路。要做到这一点，你的下一次对话至关重要。

第二章

你的下一次对话

"嗡嗡嗡。"

你低头看手机，上面显示一条你意想不到的信息："我准备好了，我们谈谈吧。"

信息来自一位朋友——至少你把他当成朋友。几周前，你们吵了一架。你指责他自私自利、喜欢出风头，而他说你目中无人且控制欲强。双方各不相让，都不愿意主动联系对方。你们有许多共同的朋友，常常低头不见抬头见，但直到现在你们见面时都互不理睬。实话说，那场面真的相当尴尬。

你把信息又读了一遍，似乎有种在对峙中得胜的感觉。但你其实上周就已经准备跟对方谈一谈。现在你总算找到了台阶，于是回复道："我也这么想。明天一起吃午饭？"

几秒钟后，你朋友回复道："听起来不错，见面聊。"

镜头切换到你们两人面对面坐着一起吃午餐的场景。寒暄过后，你话锋一转，进入正题："你之前那样说，真的让我很受伤。"

"我让你受伤了？"你朋友用责备的口吻反问。

"是啊，你说的话让我很受伤，而且你还满不在乎。"

你朋友几乎没等你说完就打断你："要不是因为你当时的反应，我根本不会那样说。"

等会儿，你心想，这可不是我设想中的情况，也不是我想听到的话。你原来设想的是，朋友意识到自己很过分并且向你真诚地道歉。你摇了摇头，鼻孔张开，眉头紧锁。还想吵架是吧？来吧。

你还击道："你还说我？明明是你先挑起的。"

你朋友迅速反击："你真的很可笑，你怎么……"

果然，又吵起来了。

你们之间的谈话又回到了几周前的状态。你对自己说："我错了，我竟然傻到以为他除了关心自己，还会关心别人。"你仍继续跟他争辩。虽然你知道或许适当妥协才能挽救这次对话，但你拒绝这样做，你认为现在的问题关乎原则。你不断提醒自己："我是对的。"与此同时，你朋友的想法和你如出一辙。双方你来我往地争吵了好久，你朋友说："算了！我就知道这是在浪费时间。"然后拂袖而去。

朋友走了，留下你独自坐在那儿。面对着账单和只吃了一半的午餐，你根本没心情继续吃下去了。你在考虑，这段友谊是否真的就此走到了尽头，你甚至怀疑自己对此是否在意。然而，这个念头一起，你马上意识到自己其实非常在乎这段友谊，也没打算放弃这个朋友。

你想，要是第一次对话时就好好沟通，那该多好。

下一次对话的力量

在沟通中，其实你能确定的只有一件事，那就是你肯定会说错话。幸运的是你所犯的错误是有机会补救的。这就是为什么下一次对话通常比第一次更为重要。

因为在下一次对话中，你可以改变一切。

就像初次见面时给人留下的第一印象一样，首次对话无疑相当重要。然而，首次对话带来的印象能否持久，真正的考验在于接下来的交流。无论是第一轮工作面试、第一次约会还是第一场会议，每个人都会打起十分精神，展现自己最好的一面。但时间久了，这层光环逐渐消退，那个你以为很熟悉的人可能会显露出截然不同的一面；那个令人惊喜的新同事，可能变成令人头疼的人；那个一见倾心的约会对象，可能在第二次约会后就让你根本不想再发展下去；上次会议大家交口称赞的方案，最终可能无人问津。在后续的对话中，人们通常会更放松，更容易把当初有所保留的想法直接表达出来。因此，下一次对话往往更接近真实的情况。

此外，下一次对话还能起到修补的作用。以激烈的争执为例：随着紧张情绪攀升，双方开始大喊大叫。等到精力消耗到一定程度，双方对话的意欲会逐渐减弱，直至对话完全中断。中断可能持续几分钟，甚至几年。但你们始终要找机会重启对话。在下一次对话中，双方开始放低音量，更加克制自己的反应，也许还会说"其实我的意思是……"这样的话。双方均有意向修补和恢复关系。因为有了事后反思和对上次对话中缺失的部分的重新认识，下一次对话往往能取得更好的效果。在下一次对话中，你们可以做的事情很多：重新构建对话，互相道歉，甚至一笑了之。

这些道理相信大家都能明白。

你阅读这本书的起因，也许是在生活中你已经和那个难相处的人谈了无数次，却没有任何效果，因此，你希望在本书中找到方法，应对接下来的对话。既然如此，想想你会和谁进行下一次对话？有哪些对话必须进行，却拖延已久？

通读本书，想象如何在你的生活场景中应用这些沟通方法。想象在下一次对话中你会知道要表达什么，以及如何表达。

为什么对话需要设定目标

首先，有个重要的提醒：不要依赖脑中排练的对话方式。

即使心里排练了多次，和朋友的那场艰难对话还是会以失败告终。为什么会这样？为什么在你脑子里想得好好的对话，现实中却一塌糊涂？

答案是，你设定的目标注定不能如愿。

假如你为对话设定不切实际或难以掌控的目标，你会对另一方，同时包括你自己，产生过高的期待。我知道这话听起来可能不太容易理解。换句话说，你的目标超出了实际的需要。好比打棒球，你全力挥出一个本垒打，而当时实际上只需要一个安打，所以，你的失望就在所难免了。

与其告诉自己"我必须现在解决掉所有问题"或"一切都必须恢复原状"，不如定一个更容易实现的目标。比方说，一个简单的目标可以是"我不要有防备心理，要听听对方的想法"或者"我不要打断对方，要认真倾听"。别对自己要求过高，先迈出一小步，再逐步增进彼此之间的理解。

从基本层面上说，每次设定对话目标时，你可以采用以下思维方式：

我是来学习的，不是来证明自己的。

如图 2-1 所示，当你着眼于"学习"这个更易实现的小目标，而不是一味想证明自己时，你们的对话更有可能取得成效，并最终走向成功。

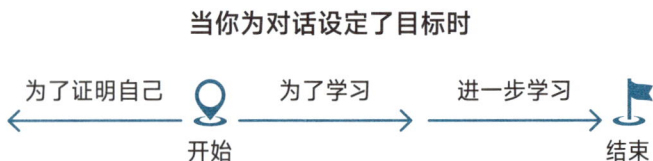

当你为对话设定了目标时

为了证明自己　　　　　为了学习　　　　进一步学习

开始　　　　　　　　　　　　　　　　结束

图 2-1　让对话更有可能取得成效的做法

说回你和朋友午餐谈话的例子。在你坐下来之前，你其实并不确定自己想从谈话中获得什么，除了一件事：让朋友承认你完全正确而他自己完全错误，并且只有当他开始低声下气时，你作为他仁慈的朋友，才会重新敞开胸怀接纳他。

好吧，这简直是天方夜谭。

没有制订计划就进行艰难对话，然后等着出现对自己有利的结果，这样做你注定无法如愿。要有明确、现实的目标，在经过深思熟虑来开展艰难对话后，对话才能实现真正的转变。强调一点，目标要具有**现实性**。

下文对比了不切实际的目标和有现实性的目标。

» 不切实际的目标：

- 希望对方立即道歉并承认："你是对的。"

- 期望对方全盘接受你的观点。

- 相信一次对话就能够解决全部潜在的人际关系问题。

- 假设讨论会理所当然地引导对方站在你的角度看待问题。

- 认定每当你抛出一个论点，对方都会倒在你的剑下俯首称臣。

» 现实性的目标：

- 确保对方知道你在意他。

- 设法更深入地理解对方的出发点。

- 双方就减少或杜绝此类问题达成一致。

- 接受彼此的感受，但不进行评判。

- 即使最终意见没有达成一致，至少你们能彼此倾听。

看到二者的差别了吗？

要想让对方全盘接受你的观点，十次有九次不会成功，但尝试十次，你或许有九次机会可以逐步深入地理解对方的观点。通过设定现实性的目标，你能够把对话框架建立在可实现的期望之上。为了确定下次对话的目标，你可以尝试问自己以下问题：

» 如果让我选，我最需要对方理解的是什么？

» 怎样做才能够快速表明，我倾听了对方的意见？

» 哪些情况只是我假设的？

» 如何表达我对这次交流机会的感谢？

» 对话中的哪些时刻反映了我很想赢？

通过问自己这些问题，你能为自己制订具体的目标，以达到想要的对话效果。注意，这才只完成了一半。目标在终点站，而你还需要掌握到达终点站的方法。

为何你的对话需要体现价值观

在对话中，价值观的作用犹如指南针，确保目标指向你认为真正重要、能带来满足感且有意义的东西。而对话如同探索地形，无论地形多么复杂，价值观这个指南针总能带你找到正确的方向。你的对话的价值观并非体现在对对方的关注之上，相反，它是关于"如何展现真我"的答案。也就是说，对话结束以后，你在对方心目中是个什么样的人。

举个简单的例子。假设这次对话的目标是倾听彼此的感受，而需要体现的价值观是诚实。在谈话结束时，对方可能会问："那么我们谈妥了吗？"通常，你可能会顺口回答"是的"了事，但内心深处，其实你感觉自己并未被倾听。你其实大可不必草率同意，只需这样回应："我很感谢您的分享，并理解您的立场。不过，我还是觉得我的感受没有被倾听。"秉承诚实的价值观，你在确保完成设定的对话目标的同时，也保持了对自己诚实的原则。

价值观不但映射出你的人品及立场，而且将在对话中引导你的行为，从而影响你倾听、回应和参与对话的方式。只要确保对话符合你的价值观，那么你在对话开始之前就已经为实现目标做好准备了。

回想一下，你觉得人生中有哪些时刻最能体现真正的自己？当然不仅限于那些快乐的记忆，也可能是你帮助他人，或者为某件事挺身而出的时刻。想想你当时的行为体现了何种价值观：同情心？正义？公平？再想想，对于你最好的朋友，你最看重的是他们秉持的哪些价值观？

找到个人价值观有个最简单的办法，让最了解你的人，如密友、合作伙伴或家人，浏览以下小问卷并写下答案。

» 从平时的对话中，你认为我在生活中都看重什么？

» 如果向不认识我的人描述我的性格，你会用哪三个词来形容？

» 我最热衷谈论哪些话题？

» 关于友情，我最看重什么品质？

» 你觉得我的哪种情感可以再加强一些？

答案可能会让你感到意外，不过它们其实并没有对错之分。这个问卷只是帮助你更清晰地了解自己在世人眼中的形象。根据他们的反馈，花些时间进行自我思考，反思一下关于个人精神遗产的问题——你希望成为什么样的人，希望自己因何闻名于世，以及希望为世界做出何种贡献。确立并内化你的个人价值观可能需要几小时、几周甚至一两个月，不过不要紧，这件事情绝对值得你花时间去思考。此外，对价值观的形容不一定是某个词语，也有可能是一个短语或一句话，只要它在你心中是有意义的即可。公平起见，我先说我的个人价值观：

» 尽量展现自己的善意。

» 即使不提我的名字，别人通过行动也能了解我的为人。

» 如不能成为沟通的桥梁，至少可以成为指路的灯塔。

上述个人价值观体现了我性格的主要部分。我的价值观中首要的一条是善意，这个价值观让我想起妈妈的善良，以及她对待每个人的方式。我希望以善意对待他人，而不计较他们做了什么；我希望行动比言语更能表达我自己；我愿意成为灯塔那样稳定明亮的存在。在每一次沟通中，上述价值观帮助我保持自己的言行与所秉持的原则一致。每当发生冲突的时候，每当我纠结说什么和怎么说的时候，只要遵循我的价值观做出回应，问题就能迎刃而解。

这就是我要说的重点。你不必为说什么或怎么说而绞尽脑汁，也不必事后回想是否应该让对方自作自受。在这些艰难时刻，你的价值观会为你做出抉择。只要你遵循个人的价值观来开展对话，实现目标的可能性就会大大增加，并且在对话陷入困境时，你能以真实的自我来应对。当然这也意味着，你在张口之前必须先做好充分的准备。

那么，现在让我们将画面回放到你和朋友对话之前。

"嗡嗡嗡。"

你低头看看手机，上面显示一条你意想不到的信息："我准备好了，我们谈谈吧。"

安排好明天和朋友午餐会面的时间之后，接下来你要决定该怎么谈。与其坐等对话奇迹般地朝着对你有利的方向发展，或指望朋友幡然悔悟向你认错，不如花时间思考有哪些主动的措施可以采取。你可以先设定好目标，例如，希望双方能更好地理解彼此的观点，然后选择把感恩作为这场谈话中的指导价值观，即对于朋友以及你们共同的回忆心存感激。好了，完成这些后，你已经做好了重启对话的准备。

双方入座后，你说："谢谢你来见我。"

"是的，我想找你谈谈。"朋友回答。

接着，你主动带出话题："上次谈话我本来可以做得更好。"

朋友说："我也是。"

这时，你心中要牢记自己的目标和价值观，心态则稍微再放松一点，然后深吸一口气继续说："上次你说的话我不太明白，需要你帮我再捋一下。我有漏掉什么情况吗？"

接下来的 20 分钟，朋友向你倾诉了他对一些事情的担忧，而这些事情你之前完全不知情。如果你之前有机会了解这些事情，你俩肯定不会闹到这个地步。

你没有打断朋友的话。你既不反驳，也不辩解，只是静静地倾听。

朋友感受到被倾听和接纳，也变得轻松多了。

"我想从我的角度分享一下看法，可以吗？"你接着提议道。

"可以，我觉得这对我也有帮助。"朋友欣然同意了你的提议。

很快，之前的不快烟消云散，你们开始畅快地交流彼此的感受和看法。

所以，如果你要准备进行下一场对话，不要单凭想象假设这场对话中的种种情况。你需要着眼于现实，并且要有明确的目标。思考以下问题可以帮助你理清思路：

» 我这次对话的目标是什么？
» 哪种价值观可以帮助我实现这个目标？

时刻牢记对话的目标和你所秉持的价值观，能帮你更顺畅地建立人际联结。那么，现在想一想，你会和谁进行下一次对话？有哪些对话必须进行，却拖延已久？与其幻想一举解决所有问题，倒不如先专心处理好一个简短的对话。之后，再通过多次对话逐个解决其他问题，直到成功建立联结。要善用下一次对话的力量。

对话的目标不是为了赢得胜利，而是为了建立人际联结，为了分享信息，为了长期的共同成长。这是建立每段稳固关系所应具有的心态。你要做的是，让下一次对话成为践行你的目标和价值观的绝佳机会。

本章小结　SUMMARY

- 你迈向人际联结的第一步，如同你在沟通中即将开启的下一次对话一样简单。

- 期望一场艰难的对话完全按照你设想的方式进行，只会收获失望。

- 不要对单次对话要求太高。要降低期望，构建正确的对话心态——以学习为目标，而不是为了证明自己。

- 为对话设定现实性的目标，把目标定在达成互相理解，而不是快速取得成功（况且这也不切实际）。价值观是展现真我必须遵循的准则，是支持你达成对话目标的指南针。

人际联结的实质

前不久，妈妈突然给我发了条短信，问起我们家的白色尼桑汽车。我在法学院学习期间开过这辆车，后来转给我的弟弟妹妹开。车停在我父母家的车道上，我已经很多年没开了。以下是我们短信对话的内容：

妈妈：你知道那辆白色尼桑车跑了多少英里吗？

我：不知道，妈妈。

妈妈：你真的不知道里程数吗？

我：是的，妈妈。

妈妈：好吧，我还以为你会知道那辆白色尼桑车跑了多少英里呢。

我：妈妈，我要怎么说呢，我真的不知道那辆白色尼桑车的里程数。

妈妈：那算了，杰斐逊。我只是不喜欢你讲话的态度。

说实话，妈妈误解了我，这让我忍俊不禁。谢天谢地，她此刻没有站在我面前。碍于文字短信无法体现情绪，我马上打电话给她，用轻松、亲切的语气诚心诚意地向她道歉。

你是否有过这样的经历：明明你心平气和地给对方发短信，对话却突然演变成了争吵？你是否曾在收到对方的电子邮件或聊天信息后误会他们对你出言不逊，或者误解了他们对你的感受？为什么通信技术越来越发达，沟通反而越来越困难了呢？

答案就是，文字的沟通无法精准传达微妙的感情差别，你只是在传输数字化信息，却期望有面对面交流的表达效果。

当今社会，人们非常看重信息传递，但这并不是真正的人际联结。

真正的人际联结不仅包含深度信息分享，还包含信息传递的方式和背景信息，它能激起你对归属感、理解和表达的最深层的需求。

信息传输，如短信、电子邮件等的传输，主要通过冷媒介① 来发送和接收信息。它是交换形式的，仅注重数据的处理与转化。信息传输效率虽高，但在助人正确理解信息和确保信息的真实性方面无能为力。

我们每天都能看到信息传输带来的问题。这种传输方式致使人们在社交媒体的评论区写下他们绝不会当面说的话，导致了人们写的文本和电子邮件容易被误解。反过来，这也是人们在键盘后面感到安全的原因。人与人之间的联结在信息交换的过程中出现了缺失，这亦是问题产生的根源。

妈妈把收到的文字短信当成真实的我在和她对话吗？没错，她确实

---

① 冷媒介（Cold Medium）也叫冷媒体。冷媒介是指"低清晰度""参与程度高""有包容性"的媒介，如电话、电视、印刷品等。冷媒体是加拿大著名传播学家马歇尔·麦克卢汉（Marshall McLuhan，1911—1980）提出的著名概念。但是麦克卢汉本人并未对其进行明确的界定，人们只是根据他的叙述进行推测。一种解释是，冷媒体传达的信息量少而模糊，在理解时需要动用多种感官的配合和丰富的想象力。——译者注

读了我的文字，但她还要通过我的声音才能理解我真正的意思。

　　请不要误解，我承认，在当今的数字化大环境中，远程互动绝对有其存在的价值和意义，但观念上的错误在于认为信息传递可以代替真实的人际联结。实际情况并非如此。这就好比看乐谱并不等同于听交响乐团演奏，阅读关于日落的文字并不等同于亲眼观看日落的美景。传播只是转换了信息，而人际联结能为这些信息注入生命力。

　　因此，你应当亲身感受微笑的温暖，而不是通过表情符号来"读取"微笑。

什么是人际联结

　　说到"**人际联结**"，我意识到这个词有点被滥用了，就像那种"保持正念"的说法一样。听起来蛮不错，但它真正的含义是什么呢？

　　从基本层面来说，人际联结是结合了理解和接受的复合词，可以理解为一种"双重验证"①式的定义。如图 3-1 所示，对于建立人际联结，理解和接受缺一不可。如果我理解你却表达不出"我接受你"，那我们不算建立了联结。反之，如果我接受你说的话却并不理解你，也不算建立了联结。要建立人际联结，既需要内在的理解，也需要表达出接受之意。

---

① 双重验证（two-factor authentication），又叫双因子验证，是一种计算机安全措施，它要求用户在登录或执行敏感操作时提供两种不同形式的身份验证。——译者注

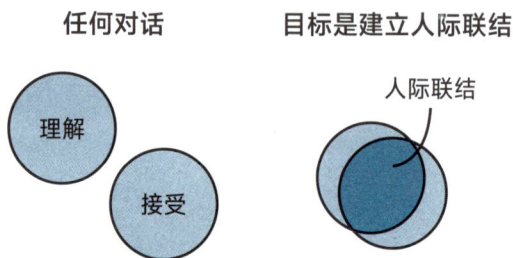

任何对话　　　　　　目标是建立人际联结

人际联结

理解

接受

图 3-1　人际联结中的"双重验证"

对我来说，建立人际联结意味着除了积极参与对话，还要接受对话的真实面貌，而不是你所希望的样子。我会理解并接受你，哪怕我不认同你说的话；我会理解并接受你，哪怕你让我感到生气、受伤或难过。

回忆起青少年时期，我会因为某些事情感到愤懑不平，于是大声抗议。父亲则常常对我说："你不必喜欢它，你只需理解它。"可以想象，当时年少的我对这番话不以为然。不过，随着年龄的增长，我逐渐领悟到了这番话里的智慧。爸爸给了我保留不同意见的空间，同时通过沟通，让我理解了他的用心。

由于"人际联结"这个词经常伴随着冲突一起出现，所以大家往往以为人际联结是把负面的表现转化为正面的，认为它就像贺曼合家欢电影①那样，只容许快乐的事情。其实不然。人际联结包括正面和负面，它连接了快乐与悲伤、轻松与沉重。你无法选择对话的结果，只能选择是否努力去建立人际联结。

但我还要告诉你一个真相：有时候，不去建立人际联结也不失为一个明智的抉择。某些时候，断绝联系才是唯一的正途。因此，并非每次

---

① 贺曼电影（Hallmark Movies）以播放家庭友好型的电影和节日特别节目而闻名，尤其是在圣诞节期间。——译者注

对话都必须建立联结。或许你曾听人说建立人际联结的方式，就是尽量接近对方的层次，或者共情对方的处境。但我不认为这是一成不变的规则。在一些对话中，你不应该降低自己的层次去迁就对方；在一些对话中，你必须与对方保持最远的距离，因为有些人并不打算跟别人深入接触。这样做并不意味着你失败了，反而在多数情况下是明智之举。

时下，许多关于沟通的文章宣扬一种观念，认为要设法让沟通变得轻松，让每个人都对结果感到愉悦、舒适。然而，真诚的沟通与快乐、舒适不存在必然的联系。建立人际联结，有时意味着需要进行一些可能让人感到不适的对话。你需要保持控制力和信心，敢于展开对话。

切断人际联结的三把"刀"

理论上，沟通应该是很简单的事。我说的话你能理解，而你的回应我也能理解。易如反掌，对吧？事实上却没这么简单。日常沟通中充斥着各种问题：理解错误，干扰打断，戒备行为和反应过度。有些人根本没有意识到这些问题会对生活造成影响；另一些人则因为缺乏应对的技巧或实践经验，反而惹来更多的麻烦。如果沟通没有达到预期的效果，通常是以下三种常见情况中的一种或几种发生，导致人际联结被切断了。

第一把"刀"：缺乏意识

在某次激烈的讨论中，你是否听过有人用讽刺的语气问你："要不要听听你现在正在说什么？"事实上，你其实听不到自己此时所说的话。

我是说真的，你此时听不到自己说的话。我们说话时声音通过骨骼振动传递，所以，我们也能通过骨传导听到自己的声音。声带的振动通过颅骨一直传到内耳，使得你的声音在自己耳中听起来更为浑厚。而当你听录音时，听到的却是通过空气传播的声波，所以声音听起来比印象中更尖细，甚至失真。这就是为什么你看自己的视频或听自己的录音时会觉得奇怪，"等等，那是我的声音吗？我的声音听起来是这样的吗？"确实，那似乎不是你的声音，至少不是你听惯的声音。

因此，你讲话时会遗憾地忽略他人的见闻和体验，也就不足为奇了。更别说你根本不会意识到自己的音量、习惯性动作或口头禅。你是否遇到过这种情况，旁人不喜欢你的语气，而你自己觉得完全没问题？或者他们说你在吼叫，你自己却浑然不觉？

在与他人交谈时，个人对情景意识①的感知问题常常把你置于冲突之中。缺乏正确的意识很可能在无意间引发人际关系的紧张。想象一下，你在自己办公室里打完一通电话后出来，与同事在大厅擦肩而过，因为心里的压力大，你不自觉地皱起了眉头，脸上露出不悦的表情。那位同事可能从此开始疏远你，更有甚者，他还会向其他人说你的坏话。而这一切都源于你没有觉察到自己释放出的表情信息。

你一定听过"我以为你在生我的气"这样的话。

自我意识是最难获取的意识。仔细观察你自己，然后告诉我，你肩膀的紧绷感从何而来？你正在深呼吸吗？你为何咬紧牙关？缺乏自我意识时，你犹如在黑暗中跌跌撞撞，不知道说话时会踩痛谁的脚，也找不到打开幸福之门的钥匙。

自我意识使你能够察觉自己在此时此刻的感受，并知道这种感觉从何

---

① 情景意识（situational awareness）指的是你对周围环境和情景的感知能力。这种能力涉及对周围发生的事情、可能的风险、机会，以及社会互动动态的理解和认识。——译者注

而来。它促使你进行一次自我情感评估，并采取相应行动。经过大量训练，自我意识会转变成一种检查程序、一个持续的反馈闭环，用以检查你自身的状态是否与当下的情景相符合。这种自检过程将最终形成自控力。

第二把"刀"：缺乏理解

坚持用自己的标准看世界是在自寻烦恼。你越想让对方按你的方式操作，对方越是固执地抵触。在典型的争执中，你一味想要对方改变思维方式，自己却不愿做出任何改变。双方都不愿努力理解彼此，就很容易说出伤害对方的话，比如：

"不敢相信你竟然给那个人投票。你怎么这么傻？"

"你怎么就不明白呢！"

"我自认很了解你，但我们现在好像鸡同鸭讲。"

产生摩擦往往不是因为信念、观点不同，而是未能理解彼此**视角**的差异。只有当你不怕麻烦，愿意去深入了解对方固执己见的原因，而不是一听到不同意见就妄加批评，你才会开始懂得欣赏对方的观点。

幸运的是，沟通中的理解力是一种可以习得的能力，同时也是必不可少的一种能力。如果在冲突中缺乏欣赏他人观点的能力，那你是给潜艇装纱门——走不远了。而当你具备这种能力时，你就能建立成功且持久的深厚关系。这种理解用文字或信号无法传递，得通过真正的人际联结来实现。

第三把"刀"：缺乏自我肯定

对许多人来说，直言不讳绝非易事，因为人们往往对交流中潜在的冲突感到恐惧。这种恐惧往往表现为转开身体，避免眼神接触，或是做出双手抱胸的姿势。另外，说话时也倾向于闪烁其词，使用模糊或者弱化自己真实感受的说法。这些消极的表达方式会导致你说话不够直接，例如：

"你好，打扰了。呃，我有个想法，如果不可行的话，请务必告诉我。就是……"

"……这就是为什么我觉得这个方法或许有效。不知我讲得对不对？"

"我这个问题可能很蠢，但……"

缺乏自我肯定不仅会严重降低你的自尊，还会妨碍你的个人成长。如果你把自己的想法视为给对方带来麻烦的东西，你会回避互动，而这些互动对激发你自身的潜力大有裨益。并且，缺乏自我肯定还会阻止你坚定不移地追逐梦想、事业和爱情。

在沟通中保持诚实同样需要自信 —— 有了这种联结和信心，你就能够坚定自信地表达需求，确保你的声音被听到、个人"边界"被尊重，而你最好的支持者就是你自己。

关于自信的简要说明

我们在第七章将深入探讨自信。但事先说明一下，当你在本书看到"自信"这个词时，希望你在心里将它和你以往关于自信的理解之间做一个区分。过去你理解的自信可能首要强调自身的完美，但我希望你今后把优雅、从容作为自信的第一定义。

自信并不意味着你做事无所畏惧，而是即使害怕也要义无反顾地去做。

自信并不意味着你凡事正确，而是你勇于坦然面对自己的过失。

自信并不意味着避免错误，而是勇于接受错误。

每天，我都能感受到人们对自信的种种误解。总有人发信息给我，以"**但愿**"的句式开头，例如，"但愿我能说出这些""但愿我能说出那些"。人们常常认为，自信是一种与生俱来的特质，就像遗传自父母的身高或长相一样。这种观点将自信视为一种衡量个体是否生来完美的标准。接下来，你会明白，这种看法错得离谱。我想说的是，如果你在本书读到"**自信**"这个词时感到难以认同，或者觉得它的概念很难理解，那么你恰恰找到了符合你需要的书。

本章小结 SUMMARY

- 如何处理你的下一次对话，将决定你是在建立人际联结还是在破坏它。

- 短信、留言和电子邮件造成的误解，突显了信息传递与建立人际联结之间的差距。

- 建立人际联结并不意味着所有事情都要达成一致，甚至不一定要求正面的结果。它包括对另一方观点的理解和接受，哪怕双方观点不一致。

- 缺乏意识、理解或自信这三样东西中的任一样，都会切断你与他人的人际联结。本书第二部分将向你展示，如何运用简单实用的方法来克服这些问题，从而建立有效的人际联结。

下次对话，
将改变一切

第二部分

应用

下次对话，
将改变一切

关注我社交媒体账号的人都知道，我不喜欢说空话。我不会站在旁观者的角度给你建议，比如，让你"积极倾听""展现共情"或"保持开放心态"。这种指导可是"扶手椅哲学家"①的拿手好戏。不过，虽然他们的意图是好的，但效果欠佳。况且，这些大道理如何联系实际？你需要的是可行的具体方案。

以下将为你介绍这部分内容。

我有整套方法可以帮助你在下一次对话中建立人际联结。这套方法我的委托人使用起来非常奏效，相信它也同样适用于你。方法非常简单，按照我的叙事风格，我把它分成以下三个步骤：

» 表达时展现出自我控制力。

» 表达时要展现自信。

» 表达的目标是建立人际联结。

---

① "扶手椅哲学家"（armchair philosopher）：形容那些喜欢在舒适的环境下（如坐在扶手椅中）进行抽象思考或理论讨论的人，而不一定涉及实际行动或实践经验。——译者注

那么，自我表达包含什么呢？它包含你的观点、需求和真实人格。这些自我表达的基本要素将造就独一无二的你。这三个步骤将这些要素转化成你的特质，使你的内心发出坚定自信的声音。这是一个前所未闻或被遗忘已久的声音。能做到这点，是一件真正了不起的事情。

理解这三个步骤，需要遵循一种解决问题的认知方式，这种认知方式被称为函数思维。如果这听起来耳熟，那是因为你小时候也许在数学课上听到过。你还记得代数吗？好吧，其实我也忘记了。但只要你做过"求解 x 的值"这类题，你就已经使用过函数思维方式了。简单来说，函数思维方式就是思考输入值通过怎样的运算才能顺利得出结果的思维方式。

请你专心跟上我的思路。

其实要弄懂函数并非难事，因为你每天都会用到它。比如，把咖啡粉放入咖啡机，就可以制作出一杯咖啡；按下恒温器上的"降温"按钮，温度就会降下来。从某种意义上来说，甚至连祖母自制蛋糕的配方，也是一种函数。因为根据蛋糕配方上的一整套操作，你能把原材料（输入值）变成做好的蛋糕（输出结果）。你无须研究鸡蛋是怎么生出来的，你只需要知道，按照配方（函数）去做，你就能得到与祖母制作的蛋糕同款的蛋糕。

你能不能做成蛋糕我不敢打包票，但我可以保证，如果沟通时你照我说的方法使用上述要素，结果会得出一个更加大胆、坚定自信的自己。只需这样一个改善沟通的"配方"，你就可以掌控下一次的对话。

规则一：

✓ 表达时展现出
自我控制力

第四章

控制自己

下面的故事是虚构的，但在现实中却经常发生。

莉莉（Lilly）今年三岁了，最近两周，她表现出对按时就寝的抵触情绪。她要么在该睡觉的时间拖拖拉拉，迟迟不愿上床；要么好不容易上了床，却又反复起身、弄这弄那，折腾到很晚才睡熟。

约翰（John）是莉莉的父亲，今年33岁。他觉得睡觉时间可以稍微灵活一点儿，如果莉莉还不想睡，那就让她在房间里安安静静地玩上半个小时，有困意了再去睡也不迟。他认为这完全没问题，因为他喜欢培养莉莉的自主能力，等她自己感觉到累了就会去睡觉。

因为这事，在过去的两周里，约翰一直把话憋在心里。

而约翰的妻子，也就是莉莉的妈妈格蕾丝（Grace），却偏爱严格而有序的作息安排，她要求莉莉在晚上八点准时上床睡觉，不能破例。格蕾丝认为，生活作息就得按部就班、持之以恒，这样女儿才能得到充分的休息，第二天才能精力充沛、情绪稳定。

因为这事，格蕾丝在过去两周里也一直憋着一肚子火。

现在是晚上八点钟，莉莉该上床睡觉了，每晚的拉锯好戏也随之上演。

宝贝莉莉压根儿没留意时间，她就像刚喝完两杯浓缩咖啡一样，精神得很。这会儿，她正在卧室里快乐地摆弄着玩具，看样子一时半会儿还没有睡意。这时，妈妈用眼神示意她该睡觉了。莉莉却用孩子惯用的伎俩，瞪大那双无辜的眼睛，抢在妈妈发话前嗔道："可是人家还不困呢！"

约翰知道这个死板的规定让全家人都很郁闷，但他还是不忍心让孩子难受。格蕾丝走到走廊尽头后，他悄悄跟莉莉说："好吧，宝贝，你可以再玩一会儿，但等会儿就该乖乖去睡觉了哦。"说完，约翰向客厅走去，希望格蕾丝没听到这番话。

然而，他刚一进客厅，格蕾丝就提高嗓门说："我怎么跟你说的？不可以让她玩太久！现在是该上床睡觉的时间，她已经累坏了。"她停顿一下，然后冲着走廊喊道："莉莉，宝贝儿，快把玩具收起来！该上床睡觉了！"

约翰也提高了嗓门回答："她又不是机器人，格蕾丝。多玩几分钟没什么大不了的。这不是她的错，是你自己控制欲太强了！"

争论的两个阶段

哎，这下可捅了马蜂窝了。

我们先将格蕾丝、约翰和莉莉三人放在一边。不难想象，即便你没有做过父母，对此也一定能够感同身受。在类似的情境中，我们或许都曾像约翰或格蕾丝一样，经历过类似的困扰。我们都曾经历过对某人失去耐心，脱口说出难听的话，但马上又为之后悔的情境。我们在当下的争吵中暂时地占了上风，但最终破坏了彼此的关系，使它一再恶化。

然而，事情大可不必闹到这个地步。

你要学会控制自己，掌控措辞、情绪和身体反应这些影响对话的关键因素，才能避免引发更为激烈的争论。但在此之前，你需要先了解一些关于沟通的基本知识，以及你的身体在这个过程中的反应（见图 4-1）。

每场争论都包含点燃阶段和冷静阶段。

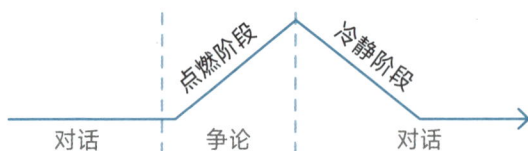

图 4-1　身体在沟通过程中的反应

当双方的摩擦达到一定程度时，原本起促进作用的互动会转化成极具破坏性的力量，这时身体便进入了"点燃阶段"。当互动变得令人不悦，你可能开始厌恶对方的用词、语调，甚至是穿着打扮。在短时间内，摩擦不断升级，火气也随之上升，还没等你反应过来，你就已经怒火中烧。

点燃阶段出现时，你会：

» 点燃导火索（感受到威胁）

» 烧断保险丝（转为防御状态）

» 升级为核爆炸（进行人身攻击）

在对话中，一旦到达燃点，人们往往变得无法自控。心理学家把这种现象称为"情绪泛滥"。在情绪泛滥时，你会将往日的交情抛诸脑后，说出一些平常绝不会说的话。你思绪混乱、不知所云，大脑就像被迷雾笼罩，一片混沌。因此，你说话口无遮拦，毫不在意话说得是否难听、是否伤人，甚至是否有意义。

当火气逐渐消退，身体就进入了冷静阶段。冷静阶段出现时，你会：

» 关闭热源（走开）

» 扑灭火焰（达成互相理解）

» 无物可烧（进入僵持状态）

无论你采取哪种方法，都能停止"温度"上升的过程，转而让"温度"开始下降。随着"烟雾"散去，你的挫折感逐渐减轻，说话也变得条理清晰起来。你重新意识到这段关系，开始衡量它的重要性，以及为何对方对你来说如此重要（当然也有可能与此相反）。

当你降低说话音量、语气变得温和，你会意识到自己逐渐冷静下来。你们开始注意用词，用"对不起，我不该那么说"向对方道歉，或者说"我并不是那个意思"来自我澄清。不同于在点燃阶段时你封闭自己的倾向，在冷静阶段时你更愿意敞开心扉（见图 4-2）。所以，你可能会开始流泪并感到后悔。

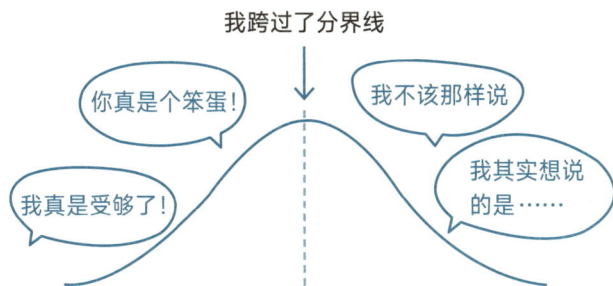

图 4-2　一场争论中的"点燃阶段"和"冷静阶段"

你知道，这种感觉很不好受。

争论越激烈，冷静下来所需要的时间就越长。这就像熄灭炉火后，要等铸铁煎锅慢慢冷却才能触碰，而等待时间的长短，完全取决于之前火候的大小。

不幸的是，约翰和格蕾丝这会儿离冷静阶段都还远着呢。

格蕾丝积攒了两周的怨气，此刻终于发泄了出来："**这**就是为什么孩子老是不听我的话！因为你**老是**破坏规矩！我俩当中只有我**真正关心**她的健康，只有我在处理她的坏情绪，而你却随心所欲地去做自己的事！**你从来不管**她，你知道些什么！"

如果我们能在这一刻按下暂停键，"扫描"格蕾丝的身体，就可以看到以下情况：

» 她大脑中负责处理情绪的杏仁核正在向神经系统大喊着发出警报：注意！你的个人权威正在受到挑战。

» 她的身体释放出肾上腺素，使她进入"战斗或逃跑"模式，身体有一种刺痛感，语气也变得尖锐起来。

» 她的瞳孔已经扩大，使得更多的光线进入眼睛，从而让她的注意力更加集中。

» 她的呼吸变得又急又浅，体内的含氧量因此增加。

» 她的心率变快，心脏将血液泵出并流向身体其他部位，血液从身体的一些非关键区域分流到重要的器官，从而为肌肉的行动做好准备。

» 她的肩膀、脖子和下巴开始变得紧绷起来。

最关键的是，她的脑前额叶皮质功能受到了抑制。这一区域负责人脑的高层次认知活动，包括理性思考、决策制定和情绪调节等功能。由于情绪反应已经完全占据了上风，她把所有的谨慎都抛到了脑后。"战斗或逃跑"反应本该是在野外遇到熊的时候，帮助我们判断是逃跑还是抵抗的机制，而不应该用于讨论育儿方式的场合。在这一刻，格蕾丝的"战斗或逃跑"反应毫无疑问完全倾向于战斗。更糟糕的是，约翰的身体反应和她如出一辙。

他大喊道："我不关心她？！怎么，你是说只有你在乎孩子吗？"他也加入了战局。他求胜心切，失去了理智，很快就点燃了那根毁灭性的导火索，"你到底想怎样？让她长大后像你那个狂躁的妈？还是变得更糟，像你一样独来独往，连个真正的朋友都没有？"

格蕾丝明显被刺痛了，她不由地加大了力度，准备再次发起进攻。双方都严阵以待，准备一战到底。他们的身体都将对方认定为必须消除殆尽的威胁。争执不下之际，格蕾丝和约翰甚至都没有真正意识到自己在说些什么——因为这不是他们以内在的人格进行交流，只是他们的身体和思维在做出应激反应，在做点燃的行动。双方的所言所行都是为了竭力消除那股威胁。

多数情况下，在点燃阶段，敌对双方会倾尽全力发泄怒火，直到他们筋疲力尽，才会出现明显的消停。停顿的时间虽短，但足以让他们看清怒火对彼此造成的伤害。这一刻，约翰看见了格蕾丝眼中的痛苦，这意味着他跨过了这个阶段的分界线。

随之而来的，便是冷静阶段。

如果我们能在这一刻按下暂停键，"扫描"约翰的身体，就可以看到以下变化：

» 他感到身心俱疲。

» 他的紧张情绪平息下来。

» 他的注意力开始分散。

» 他的心率和呼吸逐渐平缓。

» 他的前额叶皮质开始发挥作用，头脑有了客观分析的能力。

经过反思之后，约翰心中只留下深深的懊悔。

约翰这时满脑子想的都是："我为什么要**那样**说？我怎么会让事情发展到这种地步？"

格蕾丝的泪水在眼眶里打转，她也在反思同样的问题，"我为什么会如此失控？我为什么要说那些伤人的话？我究竟是怎么了？"

就这样，二人早已忘记了最初谈论的话题，而莉莉也早已在卧室的地板上睡着了。

身体会如何控制你的反应

当对话氛围变得紧张时，你的生理功能会率先做出反应。你的内部系统，也就是自主神经系统，包括大脑、脊髓及它们和身体其他部分之间的所有连接。这一神经系统赋予你直觉、感觉、情绪、行动和思考等能力。它在你的意识层面之下默默运作，控制着那些无意识的动作。好比你无须发出任何指令，眼睛就会自动逐字阅读这页文字，大脑会识别出每个单词。与此同时，你的鼻子在呼吸着空气，心脏在跳动，耳朵也在听着周围的声音。

为了在冲突中更有效地实现自我掌控，你必须深入了解自己体内发生的变化。

在专业术语中，点燃阶段和冷静阶段分别对应自主神经系统的两种模式。而你总是在这两种模式中做出选择，随后做出反应。

· **"战斗或逃跑"模式：** 该模式由交感神经系统控制。

　　——战斗型（倾向攻击）：选择以肢体或语言攻击等方式捍卫自己的立场。

　　——逃跑型（倾向逃避）：选择离开房间、挂断电话或忽略短信。

· **"休息并消化"模式：** 该模式由副交感神经系统控制。

　　——休息型（想要恢复）：选择撤退、暂停、深呼吸。

　　——消化型（想要补充能量）：选择积蓄动力、恢复能量、平衡情绪。

你应该猜到了，"战斗或逃跑"模式对应点燃阶段，而"休息并消化"模式则对应冷静阶段。通常，在进行个人活动时（如写一封邮件、安静地吃一顿午餐等可以独自完成的事情），你往往不会太留意身体内部运作过程，因为它会本能地做出反应。但如果有其他人参与，尤其是发生冲突时，身体内部的反应就会在这些需要与人沟通的场合中变得更容易被察觉。

那么，知道这些对你有何意义呢？

也许你还没有意识到，仅仅是意见冲突或争论的**出现**就能激活你的"战斗或逃跑"模式。为了保护自己，身体会在瞬间协调成百上千种肉眼难以察觉的微妙变化，共同导致一种生物反应，这种反应是倾向于情绪驱动而非逻辑驱动的行为。由于逻辑思考能力受阻，你会以熟悉的方式来发泄情绪，例如，发表防御性评论、反唇相讥、愤怒咆哮、用力摔门、高声叹息或沮丧痛哭。

当你接到重要电话，听到坏消息，甚至突然受到夸奖时，你会感觉精神紧张，随即身体会做出细微的调整。这些情绪波动源于神经系统的直接响应，是神经系统对实际或预感到的威胁做出的持续反应。心跳加快、双手颤抖、脸颊泛红等变化，都表明你的身体正在处理信息，并会在数秒钟之内迅速选择最合适的调整方案。

掌握了这些知识之后，你可以从一个不同的视角来看待对话。与其当面斥责对方，不如将心里所想视为身体的自然反应，而这些反应需要你深入分析并对其保持求知欲。

摩擦提供了改进关系的空间，因为那些能够触发你情绪反应的事情，往往也会给你带来启发。

认识你的情绪触发器

"我们需要谈谈。"

听到这句话时，你的第一反应是什么？

老实说，**没有人**喜欢听到这句话，无论对方是通过电子邮件、短信发送这句话，还是当着你的面说。为什么？因为它给你不确定的感觉。大脑会警示你，事情的背后可能存在潜在威胁，事情或许并不简单，这导致你触发了点燃模式。为最坏的情况做足准备是人类的一种本能反应。

当你对听到、看到或感受到的事情感到不喜欢时，身体可能会把这些外界刺激视为威胁，这种威胁就是所谓的情绪触发器。我说的"触发器"，是指那些能在你心中激起强烈负面情绪的事物。触发器有多种多样的表现形式，深受你的个性和童年经历的影响。因此，无须过分纠结你的触发器是否准确或是否与众不同，因为每个人的触发器都可能是独一无二的。

一般而言，触发器可以分为生理型和心理型两大类。

（一）生理型触发器

生理型触发器是阻碍沟通最为明显的因素。它们之所以容易被察觉，是因为这类触发器会给身体带来直接的伤害，比如，你看到有人向你挥拳作势，或是有一只带攻击性的动物朝你走来。生理型触发器的范围十分广泛，既包括环境的影响（例如，在悬崖边行走时你会感到紧张），也包括身体自身的信号（例如，生病、脱水或极度疲劳）。

同样地，在人际交流中，一旦你的身体本能地感知到潜在的人身安全威胁，就会立即启动防御机制。以下是一些可能会让你感到人身安全受到威胁的情境：

» 你的父母在教训你时提高了嗓门，或开始用严厉的语气对你说话。

» 你的上司在交谈时离你太近，侵犯了你的私人空间。

» 一位同事在公司会议上愤怒地用手指头指着你。

» 有人出其不意地抓住你的手臂，企图引起你的注意。

无论是直接体验到的，还是提前让你有所预感的生理型触发器，都会对个人的安全感和身心健康产生影响。这些触发器会激发你自我保护的本能，但同时也会阻碍你进行深层理性思考。

(二) 心理型触发器

心理型触发器是破坏沟通的常见触发器类型。这类触发器与直接或预感的身体伤害无关，它们只是一些念头，有可能是对当下的想法，也有可能是对将来的预感。心理型触发器主要通过以下三种方式表现出来：社会评价、个人身份认同和损失焦虑。

社会评价触发器

社会评价触发器源于对负面评价、被拒绝或受到羞辱的恐惧。这类感性的触发器体现在你每天社交时，心里默默自问的问题之中。

» 如果我这样说……

» 他们会不会认为我是个聪明人？

» 他们会不会觉得被冒犯了？

» 他们会不会变得更喜欢和我在一起？

» 如果我这样做……

» 会不会显得我很高傲？

» 我会不会因此受到批评？

» 他们会不会更加重视我？

» 如果我这个样子……

» 我能不能融入集体？

» 他们会不会嘲笑我？

» 他们会不会认为我干得挺成功的？

社会评价触发器归根结底源于你太在意他人对你的看法。我们内心深处都渴望被喜爱和被需要。如果你曾经有过诸如拒绝别人的邀请、传达坏消息或体验错失恐惧症 ① 这样的经历，那么你已经切身感受过这类触发器了。以上种种是对你社会贡献的评估，即他人对你的声誉的评价。

在社会评价的场景中，反复出现的主题内容是"脆弱感"。

个人身份认同触发器

社会评价关乎他人如何看待你，而个人身份认同则关乎你如何看待自己。你将这类威胁视为对你个人能力、自主性、人生目标或价值观的挑战。它们让你质疑自己所坚守的身份和立场。这类触发器有：

» **能力触发器**：如果我失败了，是否说明我不具备这个能力？如果他们纠正我的错误，是否说明我还不够完美？例如，一位专业人士在晚年重新步入职场，未曾想却遭到经理怀疑性的评论，质疑其能否跟上工作节奏，导致他开始怀疑自己。

» **自主性触发器**：领导对我过分监管，是否因为他不信任我？对于和我切身利益相关的决策，我是否有发言权？例如，当一位经验

---

① 错失恐惧症（Fear of Missing Out，简称"FOMO"）：特指那种总在担心失去或错过什么的焦虑心情，也称"局外人困境"。具体表现为无法拒绝任何邀约，担心错过任何有助人际关系的活动。——译者注

丰富的护士或学校教师突然收到新管理层下达的多项指令，他们会认为上级对自己过度监管，这是在逐渐削弱他们的自主性。

» **目标感触发器**：我的工作有何意义？它能否带来什么影响？我的工作是否只是在例行公事，根本没有真正的方向或目标可言？例如，一位曾经满怀激情的华尔街高管在成为父亲后，开始苦苦思索其工作背后的意义。他再也无法忍受办公室里的粗鄙言论——此时，他的职业身份和他作为父亲的新角色让他产生了心理冲突。

» **价值观触发器**：我的信念是否正在受到挑战或不被尊重？我是否被迫做出妥协，无法坚持真我？例如，一位新员工在无意中听到男高管对女实习生做出露骨的带色情的评论后，感到自己的价值观受到了很大的冲击，他的个人信念让他难以认同这种职场文化。

这些场景都强调了这样一个事实：当个人身份认同受到威胁时，我们会质问自己到底想要成为怎样的人。

此外，当涉及与自己相关联的人和事时，有时你也会感到个人身份认同受到挑战。例如，当你听到有人在批评你最喜欢的政治候选人时，尽管这些批评不是直接针对你，你也会感觉自己受到了挑战，因为你已经将自己的社会身份和那位候选人紧密相连。类似的情况还有，你可以随意调侃自己的妈妈，但如果我对她出言不逊，你完全有理由揍我一顿。为什么？因为她是你塑造个人身份认同的过程中给你帮助最大的人。

甚至仅仅听到"不"这个字，人们也可能将其视为对个人身份认同的挑战。当有人对你说"不"、质疑你或断言你不能做某事时，你会有什么感受？你反而更加想去做这件事。当有人尖刻地逼问你"为什么"时，你也会有类似的感受。你大脑产生的第一反应是："因为我说了算，这就是理由！"此外，别人对你的选择或行为的质疑也是一种挑战，因为这是在质疑你的自主权。

在个人身份认同的威胁中，反复出现的主题内容是"胜任感"。

损失焦虑触发器

损失焦虑是指害怕失去你珍视的人或物，比如，害怕失去某个人、某份工作或某种地位。在沟通中，损失焦虑通常表现为对人际关系中断或地位丧失的恐惧。

假设你在工作中提交了一份方案，却遭到了老板的质疑。那么，你会选择据理力争，证明自己比老板更有见识，还是选择顺从老板，虚心接受进一步的批评？表面上触发的恐惧是担心方案被驳回，但更深层的恐惧是你害怕可能因此而失去这份工作。

损失焦虑会让你在沟通中变得处处防备或过分谨慎，进而可能导致你过度解释、表达观点时犹豫不决，或者完全避开困难的对话。你之所以会这样做，或许是因为害怕失去工作所带来的痛楚和当面顶撞引发的短暂不适感相比，前者要难受得多。

在损失焦虑威胁中，反复出现的主题内容是"剥离感"。

知道了这些触发器后，你可能已经能够在生活中识别出它们。如果你仍然不清楚自己的触发器具体是什么，不妨请教一下你的朋友。你可以直接问他们："你觉得我的触发器是什么？"只要你有足够的幽默感，你的好友们通常会直言不讳地告诉你真相。

既然你已经认识了自己的触发器，那么，该如何利用它来改善沟通呢？

在面对冲突时，你若能捕捉到身体的起伏变化则对自己大有裨益。这不仅能让你更深刻地洞悉自己的反应模式和触发器，还能让你识别出对方的情绪变化。

你可以将其称之为情商，但我更愿称之为洞察力。这是一种近乎第六感的能力，能够捕捉到那些细节的微妙之处。当你观察到对方提高声音、呼气粗重、肩膀绷紧时，千万不要为此感到生气，这些表现反而都是你**要收集的信息**——关于对方情绪状态的源数据。当对方提高嗓门时，你不必因此心烦意乱，完全可以根据自己的经验推断出他们此时正处于点燃阶段。这表明他们的身体感觉到某种威胁，这种威胁可能源自你，也可能源自其他一些你尚未察觉的因素。既然你明白了赢得胜利只会触发对方的点燃状态，不妨想想怎样才能让对方进入冷静阶段。这种思考方式有助于你更好地把握对话的火候，通过了解自己来了解他人。

通过对自己的情绪触发器进行逆向分析①，你可以更熟练地识别出他人的情绪触发器。自此以后，当你听到对方提高嗓门，你可以将其理解为解除威胁的恳求，而不是对你发动攻击。如果你想平息对方的怒火，就要找到那个情绪触发器。

---

① 逆向分析（reverse engineer）：又叫逆向工程，软件工程术语。简单地说，就是根据已经存在的产品反向推出产品设计数据的过程。——译者注

本章小结 SUMMARY

- 能触动你的事物往往会给你带来启发——只要你愿意去学习。

- 每次争论都会经历点燃阶段和冷静阶段。

- 在点燃阶段，人们会表现出"战斗或逃跑"的反应，比如，对他人恶语相向或掉头离开房间。

- 在冲突缓和时，随之而来的是冷静阶段，可能是双方达成了和解，也可能是彼此保持了适当的距离。

- 触发器主要分为两类：生理型触发器和心理型触发器。当身体遭遇或者预感到威胁，这些触发器就会激活点燃阶段。了解自身独有的触发器，有助于你明确哪些地方需要加强、哪些问题需要避免。

- 通过对自己的触发器进行逆向分析，你能更加熟练地识别出他人的情绪触发器。你听到对方嗓门提高后，可以将其理解为对方恳求解除威胁，而不是对你发动攻击。如果你想平息对方的怒火，就要找到那个情绪触发器。

第五章

控制时机

在得克萨斯州的东部，矗立着大片高耸的松树林。林间的灌木非常浓密，视线只能看清前方几米远的路。小时候，我和小伙伴们常在这片树林里开辟小路、搭建棚子、在溪水中玩耍，仿佛置身于一场场生存大冒险之中。这片树林承载了我无数美好的回忆。

居住在高大的树木附近，我最喜欢的活动是观雨。树林与开阔的平地不同，在这里，你无法提前看到风暴逼近。如果仅靠肉眼观察，要等风暴降临了，你才会见到乌云压顶。

然而，你知道即将要下雨了，因为你能提前感觉到雨的来临。

此时，时间的流逝仿佛开始放慢，树林和动物也安静了下来。气温逐渐下降，微风穿过树林，带着叶子的沙沙声逐渐向你靠近。你能清晰地感觉到皮肤上的丝丝凉意。而当闪电划过上空时，你还能嗅到雨的气息。

此刻，在这风暴肆虐前的静谧之中，地球仿佛悬停在这一瞬静止的时空里。你几乎能触摸到那份正在积攒的期待，仿佛大自然正屏息以待，等待着发动这场风暴的最佳时机。

同样，每一次争论前都蕴含着这种蓄势待发的静默。在冲突即将爆发之前，情绪氛围会发生明显的变化 —— 或是一次太长久的静默，或是语气的微妙变化，又或是一个显得突兀的用词。

你明白冲突将至，因为你已经有所察觉。

你能感到自己或对方快要让步，这种预感就像过山车第一次俯冲前停顿的那一刻的感受。

这一紧要关头，往往会是你错失良机的时候。为什么这么说？因为你一直在找机会控制**对方**，而不是先控制**自己**。你忙着构思自己的开场白，一门心思琢磨着怎样责备甚至谴责对方。你把争论前的紧张氛围误当作战斗的号角，因此，错失了掌控争论的时机。实际上，你错过的这一刻恰恰是你在争论中占据上风的绝佳机会。

人们之所以会错过这个微妙的瞬间，是因为他们不知道要主动去寻找这个时机。他们不知道，正是这一刻，能让自己在争论开始之前就可以获得无形的优势。掌控局面的最佳时机，往往就隐藏在风暴来临前的宁静之中。因此，你不应浪费这个机会来准备对付对方，而应该用它来为自己做准备。

在上一章中，我们探讨了激烈争论中身体的自然反应。接下来，你需要掌握一些技巧，利用这些身体反应来发挥更大的作用。这些技巧简单易行、功效持久，并且用得次数越多，其发挥的作用越大。

为了在最混乱无序的对话中也能保持控制力，以下是我研究出来的三种最为有效的技巧：

  » 让"呼吸"成为你说出的第一个词语。

  » 让"快速扫描"成为你的第一个想法。

  » 让"微会话"成为你的第一个对话。

正如你无法阻止下雨，你往往也无法阻挡争论的到来。不过，凭借这三种快速而有效的技巧，你不仅能从容应对争论，还能防止争论进入点燃阶段，从而全面掌控结果。

让"呼吸"成为你说出的第一个词语

不久前，我陪同伊丽莎白（Elizabeth），为她的个人伤害案件出庭作证。对方的律师以善于激怒对手著称，我当然也在他的对手之列。经过多次交手，我已了解他的套路：他会设法削弱伊丽莎白的证词可信度，诱导她在回答时前后矛盾或说错话，或是激起她的负面情绪，从而使她变得易于操控。到那时，他就能对案件的最终结果胜券在握了。

为了对付他的花招，我花了很多时间和伊丽莎白一起准备证词。为了提升她的应变能力，我模仿那位律师的语气向她快速提问，试图逼她迅速做出回应。

我故意用粗哑而急促的声音向她发问："所以你有时间看到另一辆车，不是吗？"

伊丽莎白不知所措地看着我。

我假装沮丧地说："拜托，卡森太太。"这一次，我提高了声音，"这只是个简单的问题。回答我，是还是不是？你有没有时间看到另一辆车？"

一旦我施加压力，她就僵住了（这是点燃阶段的另一个症状），就像一只受惊的小鹿。她感到精神紧张，因此，声音开始颤抖，眼睛泛出泪光。我心知这都是自然的生理反应，便向伊丽莎白解释了这些反应的原因，还教她如何有效应对这种攻击性行为。我向她介绍了一个方法，这将成为她最有力的武器。

让"呼吸"成为你说出的第一个词语。

以下是我对此的解释：每当你要开口说话时，不妨让"**呼吸**"成为你说出的第一个**词语**。也就是说，在原本要说出第一个词语的地方，用一次呼吸取而代之。

掌握呼吸控制法的要领是，试着把呼吸想象成一个词语，想象成对话的一部分。这一技巧在调节你的身体和情绪方面都至关重要。说话前先做一次深呼吸，能让你从一开始就掌握主动权。最初两秒钟的沉默之所以至关重要，是因为它可以防止你积攒情绪从而进入点燃阶段。

呼吸练习、**呼吸控制**和**呼吸调节**，这些花哨的术语，其实都是让你有意识地调整你的呼吸。例如，此刻你正在阅读我的文字，呼吸自如，根本不会去注意肺部空气的进出。但如果我让你先深吸一口气，保持五秒钟，再慢慢呼出，这个动作就是在进行呼吸控制了。呼吸控制实际上是将注意力集中在体内空气流动的行为。

现在，请深呼吸，回忆你最近一次感到紧张的对话场景。你还记得当时自己呼吸的状态吗？在争论时，你的呼吸往往会呈现出两种状态：加快或者暂停，但这两种都不是理想的状态。

呼吸加快，标志着你已经进入了点燃阶段。这时，肌肉在为逃跑或攻击做准备，为此你需要加快呼吸，吸入更多的氧气以满足肌肉的需求。呼吸加快，促使心脏也必须加快泵送血液，以保持机体的氧气含量和活力，因而你的心率也将随呼吸加快。正因为如此，当你呼吸急促时，你的思维和表达能力都会受到影响。

呼吸暂停时，你会有窒息或溺水的感觉。在某种意义上，你的身体也确实在经历近似的情况。快速呼吸会导致体内氧气过多，而浅呼吸或屏住呼吸则使你无法及时排出二氧化碳，导致二氧化碳在体内累积过多。所以，屏住呼吸（或浅呼吸）同样有害。随着紧张感的增加，你的认知能力也会逐渐下降。

为了避免出现上述两种情况，你需要保持呼吸平衡。

现在让我们再次回到伊丽莎白的例子中。

在出庭作证的那天，伊丽莎白起初表现得相当出色，语速缓慢而平稳。然而，没过多久，我觉察到她开始失去信心。她的声音微微颤抖，语速也变得急促起来。显然，她被激怒了，开始表现出防御心态，并且情绪正在逐渐失控。

就在这时，奇迹发生了。

正当我准备介入请求休庭五分钟时，她做了一件事情。

对方律师身体前倾，逼问她："老实说，你那天根本就没有留意到，对吧？**是这样吧？**"

伊丽莎白深吸一口气，放松了肩膀，稍作停顿后冷静地回答道："不对。"那一刻，我知道她做了什么，但对方律师对此毫无觉察——在回答"不对"之前，她"说"了第一个词语，那就是她的呼吸。她利用了追问和回答之间的空当，稳住了自己，重新掌握了对话的主动权。

"怎么了？你不喜欢我的问题吗？"对方律师揶揄道。

此时的伊丽莎白镇定自若、自信满满。她微笑着摇了摇头，缓缓说道："哦，不，我很喜欢你的问题，感觉还不错。"听到这话，对方律师疑惑地歪了一下脑袋。"感谢你帮我理清了思路。"她继续说道，"再次强调一下，我的回答是'不对'，而且你的提问方式本身就是不公正的。"

这番话驳得对方律师张口结舌，气焰全无。他企图转移到下一个问题，支吾半天却找不到合适的表达。眼看着伊丽莎白没有给出他所期望的回应，他只好问了几个无关紧要的问题，便草草结束了提问。

我满脸笑意地望向伊丽莎白，心中满是赞赏。

她知道自己无法控制对方的提问，所以决定先控制自己的反应。

如何进行"对话式呼吸"

让"呼吸"成为你说出的第一个词语，我称这种呼吸法为**"对话式呼吸"**。

之所以用"对话式"这个词，是因为你可以自然地把它加入对话中。运用熟练后，它看起来和正常的呼吸别无二致。你可以随时使用这种技巧，对方也不会察觉出来。不过，进行"对话式呼吸"的最佳时机，是在你倾听对方发言时，或者是在你即将回应的前一刻。

以下是练习"对话式呼吸"的方法：

» 先用鼻子慢慢吸气，持续两秒钟。

» 吸满气后，再通过鼻子快速吸气，坚持一秒钟。这样，整个吸气过程总共耗时三秒钟。

» 然后通过鼻子呼气，坚持六秒钟，确保呼气时长是吸气的两倍。

» 重复这个过程至少两次，或者在对话中根据需要来进行操作。

"对话式呼吸"结合了多项科学研究和极端压力实验的成果，包含了下述三项经过试验证明的基本要领，从而形成一种缓慢、可控制的呼吸模式。有规律地重复这一呼吸模式，可以帮助你保持冷静和专注。

让"呼吸"成为你说出的第一个词语，你可以这样做：

1. 通过鼻子呼吸，放慢呼吸速度

如果通过嘴巴呼吸，吸气时没有任何阻挡，会导致呼吸速度加快。如前文所述，呼吸加快是进入点燃阶段的信号。因此，如不加以控制，口式呼吸可能会让你处于轻度焦虑和压力状态之中。

相比之下，通过鼻子呼吸会增加空气的阻力。请跟我一起尝试一下：先深吸一口气，然后通过嘴巴正常呼出。现在，再吸一口气，微微闭合嘴唇，像吹口哨那样把气呼出。完成了吗？第二次呼气时，由于开口变小，空气吐出较为缓慢。同理，因为鼻腔比口腔狭窄得多，所以通过鼻子呼吸自然会更缓慢、深长。此外，鼻腔的结构正好适用于过滤、加热和加湿吸入的空气。

通过鼻子呼吸还能够借助膈肌将气流送入肺部深处，让呼吸变得更加饱满、深沉。而深呼吸减少了每分钟的呼吸次数，因此，有助于你缓解紧张情绪，避免进入点燃阶段。

现在，你已吸入了充足的空气，接下来，便需要巧妙地呼气。

2. 延长呼气时间，以保持冷静

2023 年，斯坦福医学院（Stanford Medicine）的一项研究证实，有种名为"生理性叹息"的呼吸技巧效果显著，是现场减压的最快方法。这种呼吸法的核心在于正常呼吸时加入刻意的叹气。具体的做法是先后两次吸气，即先用鼻子正常吸入充足的空气，然后再次快速吸气，最后通过嘴巴把气缓缓呼出。

在此过程中，呼气的时间应该是吸气时间的两倍。通过连续两次吸气使肺部充盈，然后发出长叹般地"哈"一声，把气缓缓呼出。延长呼气时间不仅可以降低血压和体内的压力水平，也可确保下次吸入足够的新鲜空气，有效调节体内的二氧化碳含量。

与另外两种呼吸技巧相比，"生理性叹息"能最大程度缓解焦虑情绪，而且呼吸频率最低。为了达到理想效果，要确保呼气时间足够长，最好是吸气时间的两倍。

由于进行了深呼吸，你现在应该会感觉比之前更加平静，自控能力也有所加强。接下来，还有一个关键步骤，只有把它做好了，你才能控制好跟随呼吸节奏说出的每一句话。

3. 保持呼吸节奏，厘清思绪

如果你认为呼吸对控制语言冲突不起作用，不妨先听听曾在剧烈的身体对抗中使用呼吸技巧的专业人士的看法。美国海军海豹突击队认为，有节奏的呼吸对顺利完成任务至关重要，所以他们有一种特训叫"战术性呼吸"。在战斗中，人体会释放出大量的肾上腺素，导致心率升高，从而迅速削弱人体的动作灵活性，而在战场上，动作灵活性关乎士兵的生死存亡。

为了控制这种生理反应，士兵们常常采用节奏呼吸法，按固定的次数循环吸气和呼气。例如，箱型呼吸法[1]就是一种典型的节奏呼吸模式，包括吸气、屏气、呼气、再屏气四个步骤，每个步骤持续四秒钟。通过训练，士兵能形成有意识、有规律的呼吸习惯。

节奏呼吸法的好处在于它能降低心率，让士兵的注意力变得更为集中。这也正是军人在跑步时常常喊"一、二、三、四"口令的原因。这种计数口令不仅可以使他们步伐一致，更重要的是能使他们呼吸同步。重复循环的呼吸模式不仅有助于身体将二氧化碳排出体外，其稳定的节

---

[1] 箱型呼吸法（Box Breathing）：又称为 4-4-4-4 呼吸法、盒式 / 方形 / 方块呼吸法。箱型呼吸法源自古老的冥想和瑜伽传统，近年来也被广泛应用于军队的作战训练、运动员的训练以及医护人员的工作中，证明了其在减轻压力和提高表现方面的有效性。——译者注

奏还能防止过度换气或呼吸不规律的情况发生。

军人、执法人员、急救人员、拳击手和武术家等人，经常需要面临高度紧张的冲突，因此，呼吸法对于保证工作成效甚至生命安全至关重要。既然控制呼吸对他们的工作如此重要，对你的重要性也应该不在话下。

通过"对话式呼吸"练习，你可以充分利用有意识的呼吸带来的积极效果。这种呼吸法为你下一步的行动奠定基础，让你能够更好地控制自己的身体和反应。

让"快速扫描"成为你的第一个想法

房间里光线昏暗，气氛神秘，空气中还弥漫着一股和我的妈妈所用精油相似的气味。待我和法学院的同学们安静下来后，瑜伽教练告诉我们，接下来要练习简短的冥想。我不禁挑了挑眉，心里很是好奇："是人们常说的那种冥想吗？是那种会发出哼唱的冥想吗？"实际上，我从未练过瑜伽，也从未尝试过冥想。毕竟，在得克萨斯州的这个小城镇，冥想算不上是一项流行的活动。

我们盘腿坐在瑜伽垫上，闭上眼睛进行深呼吸，开始正式进入冥想状态。嗯，这听起来似乎挺简单的，我自认为自己可以做到。深呼吸几分钟后，我们开始练习教练称为"身体扫描"的环节。她让我们闭上眼睛，用意念从脚部开始缓缓向上"扫描"整个身体，直至头顶。

我按照教练的指示进行"扫描"，但除了觉得有些滑稽之外，并没有其他的感觉。是我做得不对吗？

我悄悄睁开一只眼睛，环顾四周，其他人似乎都进行得很顺利。就在这时，教练说："必须保持绝对静止，才能聆听到身体的声音。"老实说，我连这句话的具体含义都不太明白。于是，我再次闭上双眼，努力重新集中注意力，深吸一口气，试图让自己的心绪平静下来，希望能找到点什么。

我静静地等待。

慢慢地，我惊讶地发现，当我从脚到头"扫描"身体时，我注意到体内涌现出一种以前没有察觉到的生理感觉：我的面部和后脑勺有种紧绷感，肩膀不自觉地耸起，牙关紧咬，呼吸也变得浅而紊乱。我之前怎么一点都没注意到这些变化呢？

原来，我的身体一直在默默承受压力，而我对此竟毫无察觉。

我一边快速调整自己的状态，放松面部和肩膀肌肉，一边扩展呼吸，提高肺活量。教练在一旁引导我们识别并说出自己脑海中浮现的情绪。这时"**压力**"这个词浮现在我的脑海中。

我当即感到一阵轻松。不仅如此，我还对自己产生了一种掌控感。即便考试在即，我也能立即感觉到自在，并且焦虑感也大为减轻。

瑜伽课结束了。我确认了自己在肢体柔韧性方面确实很差劲，不过，"身体扫描"这个概念已深深记在我心里。随着瑜伽练习次数增多，我运用"身体扫描"的技巧越发熟练，寻找体内隐藏的压力点这个游戏令我着迷。每次"扫描"完后，我都感到前所未有的轻松。

之后，我逐渐加快了"扫描"的速度。我可以快捷地进行操作，在吸满气时闭上眼睛，然后进行全身"扫描"，而在呼气的同时睁开眼睛。因为身体能更快速地感应到隐藏的压力点，所以我也能更快速地确定压力所在的位置并将其释放，识别情绪也变得更加轻而易举。原本我在瑜伽馆要花五分钟的时间练习，现在我只需两秒钟就能完成身体的"重启"操作。

我开始对自己正在做的事情也进行"快速扫描"，在不同的场合"快速扫描"并识别出自己的情绪。比如，在课堂上和考试时，我感到**焦虑**；在等红灯时感到**不耐烦**；在家里厨房餐桌上学习时感觉**压力巨大**。每当紧张的情绪开始冒泡，一次"快速扫描"就能成功将其化解。

很快我发现，如果在艰难对话开始前或过程中进行"快速扫描"，不仅能让对话更顺畅，而且还不会被对方察觉。此外，我还发现自己对身体反应的控制能力有了显著提升。我会训练和调适自己以感知身体内部的情绪和信号，这种能力成为我在沟通中扭转局势的利器。在争论或冲突中，每当我感到体内的触发器在报警，我就会指挥自己通过"快速扫描"来释放负面情绪，从而保持冷静。

这个过程像为潜在水底的我供应源源不断的氧气——我从没感觉到自己需要浮出水面透气。更重要的是，通过"快速扫描"，我能更好地使思路与本次对话的目标和价值观保持一致。

如何进行"快速扫描"

如图 5-1 所示，这个过程包含四个步骤。不过，你练习得越多，就越快忘记还有步骤这回事，它会变得像本能一样自然。

具体步骤如下：

1. 呼吸：先进行"对话式呼吸"。吸气时，集中精神让呼吸扩展到腹部，仿佛有一根无形的绳子系在肚脐上，随着吸气的动作轻轻向外拉，腹部也随之鼓起来。

2. 闭眼：肺部充满空气时，吸气也达到最大值，此时将眼睛闭合一到两秒钟，你会感觉自己似乎在缓慢地眨眼。

3. 诊查：呼气的同时，要感知体内压力隐藏的位置。你是否察觉到哪里不舒适或紧绷？将你的气息引导到那个部位，随即呼出一口长气以便消除紧张感，同时睁开你的双眼。

4. 识别情绪：识别你在这个特定时刻的感受，赋予它一个名称，尽量使用一个简洁的词语。答案没有对错之分，听从你的直觉即可。

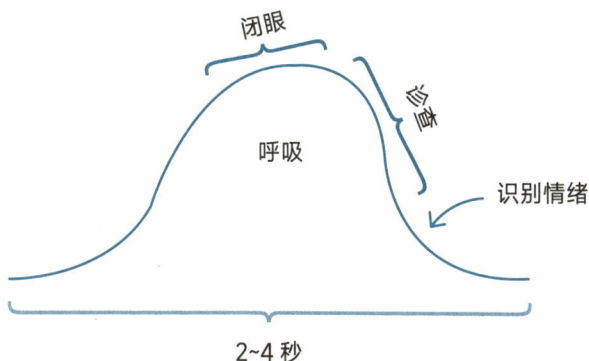

图 5-1 "快速扫描" 四步走

"快速扫描" 有两个目的：

· 结合对话式呼吸，让你当下的思路更加清晰。

· 让你更好地控制自己的情绪。

　　一旦你习惯了 "快速扫描"，它就会像你运动后喝一杯解渴的水一样自然。它会让你保持专注和精力充沛。它是一种简化版的正念练习，引导你把注意力回归自身，增强自我意识。增强身体意识也会有助于情绪调节，因为它使你在感受情绪的同时不会过分沉溺于情绪。

　　随着你的技巧愈加娴熟、运用自如，现在可以将 "快速扫描" 法融入实际对话中了。要将步骤四识别情绪融入语言交流中，关键是学会使用"我发觉"这个句式。例如，你可以将内心识别的情绪"我很生气"表述为"我发觉自己正处于愤怒情绪中"。千万不要将情绪憋在心里，更不要压抑紧张情绪（这会导致你进入点燃阶段）。使用"我发觉"句式，强迫自己释放负面情绪。例如，当你感到非常愤怒时，可以大声说："我发觉自己要生气了。"类似的表达方式还包括：

» 不高兴时："我发觉自己现在心情不太好，我们可以稍后再讨论这件事吗？"

» 感觉受到威胁时："我发觉自己现在压力很大，我需要时间舒缓一下。"

» 沮丧时："我发觉自己现在很沮丧，我需要休息一下。"

» 焦虑时："我发觉自己现在的情绪状态还不适合对话。"

» 犹豫不决时："感谢这次交谈的机会，但我发觉自己需要先整理和消化一下。"

» 精力不济时："我发觉自己有点应付不过来，我们可以一步步来吗？"

» 困惑时："我发觉自己仍然不太明白您的意思，您可以换种方式再解释一下吗？"

» 心神不定时："我发觉这个决定让我有点不安，我需要再审视一下细节。"

» 悲伤时："我发觉自己有些愁闷，我现在需要一点独处的时间。"

» 疲惫时："我发觉自己状态低落，我想休息一下，以后再重新考虑这个问题。"

通过用言语承认你在"快速扫描"时发现的结果，你袒露了自己的内心，指明了你的意图 —— 这再次增强了你的自我意识。而这种开放、直率的态度，以及明确表达需求的举动，将使对话变得更加诚恳和透明。

"快速扫描"是把握自我、理清思路的最佳方法。把你的"扫描"结果用语言表达出来，可以将缺失的安全感转化为自信和力量。

因为，当你将它宣之于口时，你就已经控制了它。

在短短几秒钟内，你已经完成了"对话式呼吸"和"快速扫描"。接下来，只需再花些许时间来完成最后一步。这一步将赋予你勇气，说出自己真正的心声。

让"微会话"成为你的第一个对话

回忆起我首次作为菜鸟律师出庭时的场景，对方的法律顾问给我带来极度的压迫感。虽然他对我礼貌而友善，但凭着三十多年的丰富经验，他知道对付我显然绰绰有余。尽管我对自己的庭审技巧怀有信心，但当首日辩论真正到来时，我却难以保持头脑清醒。我极度紧张，说话因此很急促。甚至在交叉询问的环节，我一门心思准备自己的发言，却没有专心听取证人的宝贵信息。

事后，我懊恼不已 —— 我明知自己当时要做什么，却没有停下来做一次深呼吸、整理一下思绪，或由意识引导自己的行为，造成最终没能掌控住局面。

开车回家的路上，我大声跟自己对话，复盘着当天的得失。在对话的过程中，我开始捕捉到一些让我印象深刻的短语，并再三重复。

"做好自己，杰斐逊。"

"静待良机。"

"让事实揭露真相。"

这些便是如今被我称之为"微会话"①的概念的雏形。它提醒我要保持真我，耐心等待对方的证词出现破绽，让事实本身来揭露真相，而不是去过度干预。次日早晨，我把这些短语写在我的黄色法庭记事本首页。当我运用了这些微会话后，我在法庭上的态度、举止与之前判若两人。我的不安全感减少了，自信心增强了。我不再感到仓促，也不会乱了阵脚。

即使到现在，我在每次出庭前仍雷打不动地在记事本上写下微会话。

心态的构建始于语言。当你开口说话时，你的语言不仅会影响对方，也会影响你自己。最新的神经科学和心理学研究表明，你所使用的语言，那些形成想法的词汇，会显著影响你的情绪和心态乃至你的现实表现（见图 5-2）。

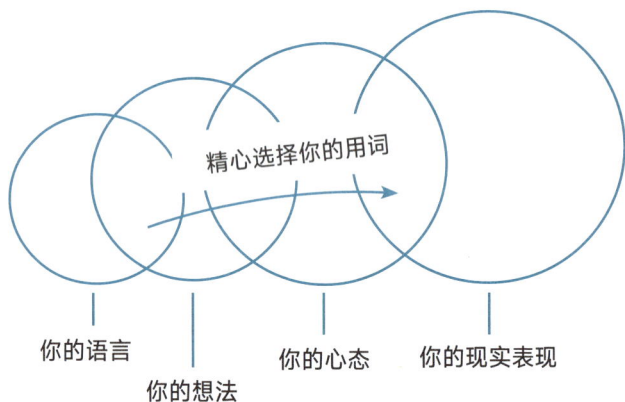

精心选择你的用词

你的语言　　你的想法　　你的心态　　你的现实表现

图 5-2　语言和想法会影响你的心态与现实表现

---

① 微会话（small talk）：英文原意为"寒暄，闲谈"。这里作者引申定义为一种和自己进行的小型会话，类似自我箴言。——译者注

为了帮助我的客户建立信心，我鼓励他们进行微会话。微会话其实就是和自己对话。它是指能够赋予你力量的一个短语，或是能够在你感到心态失去平衡时让你回归本我的一个词组。微会话和自我肯定颇为相似。但自我肯定通常使用抽象的表达作为身份认同或进行自我赋能，比如，"我是被爱的"或"我足够优秀"，而微会话则更加具体，且与当前情境紧密相关，例如，"从控制呼吸开始。"

微会话是强大的记忆唤醒工具。无论是用于增强自信、防止产生防御行为，还是提醒自己不要为小事而烦恼，它都能使你贴近自己所期望的心态。你可以将微会话看作和自己开个小会，讨论上场前的战略部署。

怎样建立你的微会话

建立自己的微会话比你想象的要容易得多，不过，你还需要遵循以下指引。

将微会话与对话目标结合起来

在第二章中，你学会了在应对困难情况之前，先明确自己的目标和对话所用的价值观的重要性。而当你将目标与微会话联系起来时，那你期望的交流结果就有了双重保障。

微会话就像是实现对话目标的一针"强心剂"。如果你的目标是提升自信，不妨设计一个微会话来提醒自己要自信地表达想法与观点——"勇于发声"。如果你的目标是避免争执，那么就设计一个微会话为获得想要的结果铺路——"寻求理解"。这句话的作用是鼓励你积极倾听和怀有同理心，用心领会对方的观点，同时避免卷入冲突之中。

这些以目标为导向的微会话相当于个人提示，它能提醒你记住自己想在对话中获得什么，并和首要的目标保持一致。微会话还能帮助你在对话中保持专注并把握方向，尤其是在你容易被情绪或相反观点分散注意力的时候。

以动词打头

用动词开启你的微会话，而不是使用"我很坚强"或"我的情绪不代表我个人"这种笼统的身份认同标签。以动词为起点能够激发行动力，创造积极的思维模式，比如，使用"站起来"或"去感受它，但不要沉溺其中"这类语句。

使用动词开头，能让你的微会话的目标变得更加明确且实用。动词能够激发你的行动力，将被动的思索转化为积极的参与。例如，同样是肯定句，"我的真实体验是有价值的"其实是被动的，而"表达我的真实感受"则会敦促你立即行动起来，去表达你的想法和信念。同样，"直面挑战"这样的短语能够激励你前进，让你在面对困难时会展现出更强的韧性和迎战姿态。如果要在和博比·拉普雷对话前设定微会话，我可能会告诉自己："找到令他内心挣扎的事。"

这些以动词引导的短语，其作用是作为明确行动的提示，激励你不仅要转变思维方式，还要将其**付诸实践**。它们给人营造出一种需要即刻行动的急迫感从而促进微会话转化为即时的行动。由此可见，微会话是实现自我赋能的有效工具。

简短且个性化

请记住，你的微会话内容不会被展示在广告牌上。它不需要引起他人的共鸣，更不需要分享。一般来说，那些和个人经历紧密相连、记忆深刻的对话是最好的微会话素材。

例如，我曾有一位客户，她设计了一个小提示，提醒自己在工作中表达想法时要坚定自信。那么她的微会话是什么呢？

"告诉他们吧，多丽丝（Doris）。"

这句话来源于她的祖父。每当多丽丝的祖母谈到某件自己热爱的事情时她就会变得激动起来，这时多丽丝的祖父就会用这句话打趣她。这句简单的话对多丽丝而言，蕴含着非凡的意义和莫大的鼓励。这让她想起了祖母的坚强、自信和果敢，激励她去将这份能量化为前进的动力。

这是一个典型的例子，展示了深深植根于个人经历的简短话语是如何在自我怀疑或犹豫不决的时刻成为强有力的定海神针。微会话将变成超越语言的力量，它是由鼓励和韧性激起的持续回响，这些回响是个人专属的共鸣之声。

从精心选择措辞开始改变你的心态。选择那些带给你激励和信心的词语；选择那些能够推动你前进的词语，不管曾经有多少"绊脚石"阻碍了你。

为了更好地说明这一点，让我们假定你的微会话是"坚守立场"。面对分歧时，这种心态会鼓励你选择以积极方式强化自主性的言辞，而不会选择那些打击你或带给你挫败感的表达。以下是一些对比示例：

» 消极："你真是不可理喻。"

» 积极:(坚守立场)"我希望找到解决办法。如果目前的方案不可行，请直接告诉我。"

» 消极："我做不到。"
» 积极：(坚守立场)"我选择另找时间解决这个问题。"

» 消极："这种尝试毫无意义。"
» 积极：(坚守立场)"我不会被你的想法所动摇。"

注意到了吗？上述这些积极的表达，采用了尊重自己并维护自身价值感的词语。花点时间精心设计你自己的微会话吧。记住以下几点：要与目标相结合，以动词开头，并与个人经历紧密关联。为了激发你的灵感，我在这里简单列出一些客户用过的且效果显著的微会话（见表5-1）：

表 5-1 效果显著的微会话案例

微会话的目的	微会话的内容
自信	"抬起头，别气馁。" "无论如何，发光吧。"
展现坚定的信心	"争取你的空间。" "别扩大矛盾，把话说清楚即可。"
避免防御行为	"某某某（自己的名字），别计较。" "放下过去，向前迈步。"
厘清思路	"吸气——呼气——" "找到核心问题所在。"
保持冷静	"某某某（自己的名字），慢下来。" "使用你的心锚①。"

---

① 心锚（Anchor）：属于条件反射里面的一种形式，是指"人之内心某一心情与行为某一动作或表情之链接，而产生的条件反射"。

你无法控制他人，但你可以掌控时机。对话前的那一瞬间就是你要掌控的关键时机。这是对话过程中最重要的时机，但大多数人甚至从未察觉到它的存在。利用这个时机进行一次"对话式呼吸"，"快速扫描"一下，或者和自己进行一次微会话。你会惊讶地发现对话因此发生了多么精彩的转变。

本章小结　SUMMARY

- 我为你提供以下三种工具以便你更好地掌控沟通："对话式呼吸""快速扫描"和微会话。

  - "对话式呼吸"通过缓慢呼吸和适当控制呼吸，可以让你在争论中保持头脑清醒。方法是先用鼻子吸气，然后缓慢呼出这口气，并以相同的节奏不断重复这一过程。

  - "快速扫描"你的身体和精神状态，这能帮助你释放紧张情绪，保持冷静和专注。从"对话式呼吸"开始，闭上眼睛，找出身体中压力所在的部位，然后识别并表达出你所感受到的情绪。

  - 微会话可以塑造一种心态，加强你对自我反应的掌控感。以促进你行动的动词开头，如"选择"或"坚持"，设计一个与你价值观相符、对你个人富有意义的短语。

- 这三种工具中任一种都能避免你无意之中进入自己的点燃阶段，从而帮助你在冲突中保持控制力。

第六章

控制节奏

"先生，您知道事故发生时车速大概是 ——"

"可能是每小时 40 英里左右。"我的委托人查克（Chuck）抢先答道。

"多少吗？"对方律师这才说完剩下的小半截话，语气中带着一丝得逞的感觉。"我需要您在我问完后再回复，可以吗？"

"可以。"他答道。

"那么，您知道事故发生时的车速大约是多少 ——"

"大约是每小时 40 英里。"查克又抢过了话头。对方律师再次请求他给她问完问题的时间，而我已经开始感到担忧了。律师们很喜欢用快问快答的方式进行提问，对他们而言，这意味着你没有足够的时间去思考自己的回答。你因此变得更容易被操控，然后被诱导着说出他们想要的内容。

查克本该明白这一点。我们事先已经讨论过，要等对方律师完整提出问题并记录到庭审记录后再作答，这些都是他作证准备工作的一部分。然而，查克现在明显加快了节奏，鉴于此，我需要引导他调整好心态。于是，在这一轮问答结束后，我请求暂停，把查克叫到走廊上。

当我们走出房间，我用手中的黄色记事本指了指角落里的几把椅子，说："我们去那边坐一会儿吧。"

"好的。"他回答道，声音有点喘。

坐下后，我若无其事地问："这个周末你打算做什么呀？有什么计划吗？"

他的表情有些困惑："嗯？"

"就是这个周末，"我一边剥开薄荷糖的包装纸，一边重复问道，"你们家里有什么安排吗？"

"哦，这个啊。呃，还没确定，让我想想。"他思考着，同时人也开始冷静下来。只见他的肩膀放松了，呼吸也变得平缓。又过了七八秒，他答道："我们打算带孩子们去看那部关于会说话动物的电影。"

"刚上映的那部吗？"我问道。

他又稍稍停顿了一下，说："对，就是那部。"

"嘿，那肯定很有意思。"我说，"你的孩子们多大了？"

"一个五岁，一个七岁。"他笑着说。此时他已经完全放松下来。情绪已经成功地调整回来。

"正是活泼好动的年龄段。"我说着站起身，他也跟着站起来。"听着，"我对他说，"一会儿进去后，我希望你能把律师的每个问题都想象成在询问你这周末的活动安排，你像刚才那样回答就好。把握你自己的节奏。"

查克点头答应，这个比喻点醒了他。"明白了。对，停顿，放松。"

"正是这样。"我说，"步调快慢应该由你自己掌控，而不是她。"

当我们再次回到质询室时，情况完全改变了。查克不再急于作答，而是每次都花时间仔细思考。他原来那种急促、慌张的感觉已消失不见，取而代之的是一种冷静而从容的态度。对方律师也察觉到了这一变化，她的提问节奏反而被查克的镇定打乱了，再也无法用机关枪式的提问来催促他。查克表现得非常出色。

停顿的妙用

当你感到焦虑、恐惧或心烦意乱时，你的语速是会更快还是更慢？

当然是**更快**。

语速的加快标志着你进入了点燃阶段，而这种反应十分常见。心率提高会加快思维速度，为即时反应做好准备，反射动作也随之变得更快，速度成为优先考虑的因素。所以，你的思维速度可能会超过平常的语言表达速度，导致语速变快。因为急于表达，你会更倾向于做出情绪化反应而不是给出逻辑性回应。形容这种情况，有个"专业"的说法——口不择言。

急于表达时，你不仅容易出现如说话断断续续、表达不完整这类明显的问题，而且还会因为匆忙抛出观点，而错失充分阐述立场的机会。此外，急于表达还暴露了你并没有真正地在倾听，而是还未等对方说完，就已经在组织自己的表达，因此，你难免会遗漏关键信息。

当你在某些场合察觉自己说话节奏变快时，往往会误以为自己无法掌控局面，只能随波逐流。但事实并非如此，你始终掌握着控制局面的主动权，你需要做的只有适时地踩住"刹车"。

除了在上一章中学到的技巧之外，还有一个沟通技巧能让你脱颖而出。

那就是巧妙地运用停顿。

沉默只是没有发声，并不代表没有沟通。我必须强调一下，在解决沟通问题时，沉默无疑是你最强大的武器（见图 6-1）。

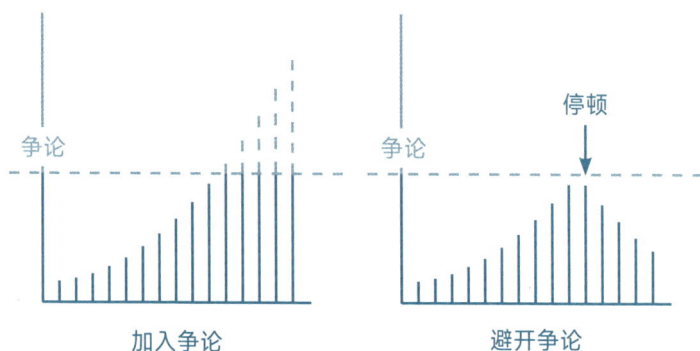

图 6-1　沉默与停顿可助你避开争论

　　既然如此强大，为何这一技巧并未被广泛应用呢？原因主要有两方面。首先，很多人并不将沉默视为最佳选择，因此避免出现沉默。其次，现代媒体快速的沟通速度对此也不无影响。播客或短视频通常在剪辑时会去掉停顿的部分；电影和电视剧经常夸大快速对话的效果，使其看上去似乎每个角色都已经知道自己要讲什么，但那不过是剧本作者和后期剪辑为演员所做的贡献，而并非真实的沟通场景。再以晚间新闻评论的嘉宾为例。无论是在政治还是体育领域，嘉宾常常通过快速反驳或所谓的"回怼"来表达反对意见，好像这些就是智力胜利的巅峰。这难免会让人误认为说话的速度比内容更重要。然而现实的争论和媒体上呈现的是两回事。媒体呈现的并不都是健康的沟通标准。

　　其次，人们往往担忧"沉默会显得软弱"。例如，在职场中有一种普遍的看法，即无论是通过电子邮件还是面对面交流，如果没有即时回复提问，就会让自己显得缺乏见地或准备不足。这种担忧促使人们优先考虑即时的回应，甚至都顾不上回应是否准确以及是否深思熟虑。而在日常对话中，你可能发现自己也会使用填充词来填补沉默，比如，用句子（如"你知道"）或语气词（如"呃"和"嗯"）来填补空白。有一种看法认为，沉默意味着无能。然而，在实际生活中，沉默是一种隐藏在等待中的智慧。反倒是仓促发言才恰恰显示出软弱，而放慢语速则更能彰显力量。

沟通时，善用停顿可以提升你干练的形象，体现出你深思熟虑、稳重可靠的做事风格。与其说沉默代表不确定，不如说它恰恰可以确保你接下来要表达的内容是**确定无疑的**。策略性地运用沉默，能反映出你说话意有所指，而不是犹豫不决。恰到好处的停顿，是你自信和自控力的体现。一般而言，能够掌控对话节奏的人，往往也是自控力最强的那个人。

这就是停顿的强大力量，它赋予你掌握**时间**的能力。

掌握时间能带来诸多益处。

停顿为你提供了反思的时间。停顿让你有可选择的余地。你要明白一个道理，那就是没人能强迫你说不想说的话。如果你愿意，那你可以选择回应，但你同样也可以选择保持沉默。沉默本身也是一种回应，选择权始终掌握在你的手中。停顿给你留出时间，让你不仅可以选择合适的措辞，还能准确地运用。当你停顿时，你不仅是在控制对话的节奏，更是在肯定自己的存在感。

这段反思的时间，与犹豫不决无关，而是一种深思熟虑之后的确认，表明你对自己有充分的认知。当你在回应前做出停顿，表明你能够掌控自己的情绪和思想。你向对方宣示，你非但不会因为一时冲动而改变立场，反而你所做的一切均出于深思熟虑。每当你克制住说话的冲动，你便是在展示自己的内在价值、自信和力量。

停顿赋予你力量去做出决定和选择：

> » 这个人值得我为之烦恼吗？
> » 我要说吗？现在说吗？我来说吗？
> » 我说了对我有益还是有害？
> » 我的话是提供了价值，还是没话找话？
> » 我的话使我离目标和价值观更近了吗？
> » 在回复之前，还有其他内情需要了解吗？

有意为之的沉默，能让你接下来的发言更有影响力。因为这表明你已权衡过自己要说的内容，从而加重了你说话的分量。

停顿为你提供了重新思考的时间。停顿可以让你有时间调整自己的行为，比如，进行"对话式呼吸"、"快速扫描"或者进行微会话。它还可以用来评估自己是否做好了全神贯注于当下的准备。它的作用好比运动间隙的休息，能帮助你恢复体力并进行下一阶段的锻炼。利用沉默的时间，对周围环境进行评估也非常关键。你可以留意四周，观察他人的表情和肢体语言及其他反应。停顿时，你还可以测一测对方的情绪温度，这能让你从只顾及自己发言的状态中脱离出来，运用所有的感官去理解对方试图传达的信息。

停顿为你提供了宝贵的缓冲时间，让你有机会反思："等等，这真是我想表达的吗？"而不是盲目地卷入冲突之中。它让你可以退一步，考虑对话的方向是否与自己的目标和价值观相契合。停顿可以使你以旁观者的视角进行观察，从而为你提供宝贵的信息，以便决定接下来的行动方案——是采取软化策略、重申立场，还是引入一个新的视角。

停顿为你提供了控制局面的时间。当对话变得火药味十足时，沉默就像一条湿毯子，可以隔开刺激源和应激行为，降低情绪的燃点，平息怒火。这就是沉默在引导对话走向冷静阶段时所扮演的关键角色。而停顿时，你可以调整语气、谨慎选择措辞，避免说出的话加剧冲突。这种做法体现了你的成熟和智慧，展现了你的气度和格局。你可以决定何时论述已准备得足够充分的内容、何时应该结束对话，而不是任由对方掌控节奏。

停顿不仅有助于你调节自己的情绪，还能促使对方进行反思。停顿打破了快速反驳的循环，以防双方因此失去理智——这点非常重要。停顿能够分散争议焦点，避免双方来回"拉扯"而加剧矛盾。在对话中插入停顿，可以防止双方情绪过激，以便双方保持头脑清醒。

不要因为对沉默的误解而妨碍你利用停顿的力量。要利用它来为自己争取时间，为每次对话创造深入思考特别是反思的机会。

怎样使用停顿及何时使用停顿

掌控对话需要熟练地运用沉默，这是我们不可或缺的技巧。想想你会用沉默来表达什么呢？

停顿产生的沉默确实在传达着一些重要信息。重申一遍，沉默只是没有发声，并不代表没有沟通。思考以下由停顿传达的特别含义和信号：

> » 在他第一次说"我爱你"之后的停顿。
> » 在她问"你喜欢我的新裙子吗"之后的停顿。
> » 在大家喊"惊喜来啦"之后的停顿。
> » 在她问"你昨晚在哪里"之后的停顿。

此外，停顿所传递的信息和停顿持续的时间有很大的关系。如果我过了五分钟还没有回复你的短信，你或许并不介意，但如果五天之后我才回复呢？那传达的信息就大相径庭了。

接下来，我会概括讲述这种区别，告诉大家应该如何调整沉默的时长，以便达到停顿的最佳效果，将每个沉默的时刻都转化为强大的沟通工具。

短停顿犹如放大镜

短停顿是指持续一到四秒的停顿。短停顿能让你更加清晰地对特定的词语进行强调和聚焦，就像用放大镜阅读小字，你能看得很清楚。

短停顿显示出你说话经过深思熟虑，表明你在斟酌词句上下了功夫。

如果公司有人问你："你能在今天下班之前把那份报告交上来吗？"此时，短暂的停顿可以让你增强掌控力。

> » 如果没有停顿，你会快速回复："我已经说过我交不了。"
> » 而停顿四秒之后，你会放慢节奏说："我已经说过我交不了。"

你有没有发现，虽然是同样的回答，但第二种回答给人的感觉和第一种截然不同。短暂的沉默让你的话语听起来更加坚定和自信。

我们再来看一个更简单的例子。这次，假设一个朋友问你："你最近怎么样？"请注意以下回答在语调上的变化。

> » 如果没有停顿，你会快速回答："我很好。"
> » 停顿三秒钟后，你再回答："我很好。"

你感到两者的区别了吗？即时回答会让人觉得你不经思考就脱口而出，显得有些随意，甚至轻浮。这样的回答显然缺乏真诚。然而，加上停顿，便表明你认真思考过自己的回答，从而使你的回答更有分量、更具说服力——你知道自己做得很棒。

短停顿其实非常适用于回答一般性问题，特别是在面试或证词陈述的场合。我常常建议客户在对方提问之后、自己回答之前，先保持几秒钟的沉默。请记住，**让"呼吸"成为你说出的第一个词语**，这不仅能为你留出时间考虑和回顾对方的问题，还能帮助你更好地组织语言。

短停顿还具有强调作用。例如，在幽默故事的结尾或某个词语前稍作停顿，这时沉默的作用就如同卖了个关子，让人不禁好奇你接下来要说什么。

这也间接地说明了为什么"对话式呼吸"如此关键，因为它本质上就是一个短停顿。在交谈时，你可以先吸一口气，然后在呼气时开始说话。这三秒的吸气时间，足够让你集中注意力以平稳、从容的语调说话。

无论是在学校、公司还是在家里，那些习惯在说话前稍作停顿的人，更容易给人留下沉稳和自信的印象。

长停顿犹如双面镜

长停顿的时长通常维持在五到十秒之间。如果超过这个时长，那就不再是停顿了，而属于中断。使用短停顿旨在集中注意力，而使用长停顿则意在引发深思。长停顿如同一个双面镜，不仅能让你反思自己的回应，更重要的是，它能促使对方也进行反思。

应对他人对你的无礼甚至贬低或侮辱，长停顿是你最有力的武器。原因在于：

» 沉默五到十秒，他们的话语会在自己耳边回响。那些在他们脑海中盘旋的评论会让他们对自己的言辞产生怀疑。或许，还没等你打破沉默，他们就已主动向你道歉，说"对不起"或"我不该那样说"（见图 6-2）。

» 沉默不会被断章取义。与其用伤人的话反击，不如保持沉默，因为伤人的话可能会在你们的关系中留下印记，每当遇到同样的问题，这些话就会被反复提起。

» 通常在争论中，谁讲最后一句话就算谁输。在谈判中，人们常说"先开口的一方是输家"，但在争论中，情况截然相反。为何会如此？那是因为，要击败出言不逊者，只能用更尖锐的话语回击；想要对付别人言语中的尖锐与刻薄，唯有以更尖刻的言语来反驳。所以，如果你执意要说最后一句，那你很可能会是那个事后反而需要先道歉的人。相反，将长停顿作为自己在对话中的结尾，会让对方最后的话显得分外刺耳。

图 6-2　长停顿在争论中的作用

应付那些惯于说谎的人，长停顿的效果非常显著。

作为一名出庭律师，我亲历过无数证人撒谎的场景。我对谎言已经见惯不怪了，毕竟有人明明对天发誓，竟然还敢对你撒谎。

在一次证词录取过程中，我很清楚证人在撒谎。

我有确凿的证据表明他在撒谎。他是一名卡车司机，不仅撞了我的委托人，还企图把肇事责任嫁祸给另一辆车。他的手机记录显示，事故发生的那一刻，他发了一条短信，还有其他几条导致车祸发生的短信。然而他并不知道我已经掌握了这些记录。

"你开车时是在发短信吗？"我直截了当地问他。

"没有。"他矢口否认，"我开车时从不发短信。"

他犯的第一个错误，就是用了绝对词**"从不"**。这如同在走钢丝，结果岌岌可危。所以，一旦有人说"从不"，那他最好确实做到了"从不"。

我停顿了大概八秒钟，任由他的话音在空气中回响。

他盯着桌面，目光开始游离，身体也在座位上局促不安地扭动。等他终于反应过来自己说得太绝对时，不由得打破沉默，修正了自己的说法："我的意思是，我是说'从不'，但我有时候还是会发的，这得看具体情况。老实说，我真的记不太清了。"

这是他犯的第二个错误。他开始出尔反尔——在得克萨斯，我们把这种行为称作**"小龙虾式撤回"**。

我又刻意停顿长达十秒钟，这个时间足以让气氛变得微妙而紧张。

诚实的人其实并不介意停顿带来的不自在。面对沉默，他们心里依旧坦荡。而不诚实的人通常无法忍受这种沉默。你越沉默，他们越迫切想为自己辩白。他们感到你没有上当，就开始发挥想象，拼命猜测你在想什么或要说什么。由于他们着急填补这段空隙，他们也常常会露出马脚。

意识到对方在退缩，我给了他一个选择：要么说出真相，要么等着谎言被揭穿。

我重复了同样的问题："你开车时是在发短信吗？"

"我可能那样做了，嗯，是的。"他的语气听起来似乎反而有些释然。

我把手放在身边的一个文件夹上。实际上，那只是些无关紧要的文件，真正的手机记录还在我的包里。

我的手支在文件夹上，向他施压："你在给同事发短信，是吧？"

他点了点头，说："是的。"

短短几分钟内，他的态度发生了一百八十度的大转变。我既没有与他争吵，也没有怒吼，更不需要戏剧化地大喊"你不敢面对真相"，我只是巧妙地利用了长停顿这一技巧。而他在长停顿这面镜子里"看到"了自己的所作所为，然后做出了调整。

在第八章中，我将教你如何进一步优化停顿的技巧，以便最有效地对付企图伤害你的人。目前你只需要知道，不同的情境需要采用不同的停顿方式。无论是应对直接的对抗、棘手的职场面谈，还是讨论人生大事，恰当的停顿都可以改变交流的主导地位，让你重新掌握主动权。

本章不仅仅是关于沉默，它更是与掌控时间相关，其目的是让你放慢反应速度，为反思、重新考虑及调整策略创造条件。

本章小结　SUMMARY

- 恰到好处的停顿能让你获得更多时间。你会获得反思、重新考虑以及调整策略的时间。

- 在争论中，停顿并不是犹豫不决的表现，而是有目标的规划和自我控制的体现。通常而言，那些能够掌控对话节奏的人，往往是最能控制自己的人。

- 有意为之的沉默，能让你接下来的发言更有影响力。因为这表明你已权衡过要说的内容，从而加重了你说话的分量。

- 在不同的场合中，停顿时间长短有不同的作用。一到四秒的短停顿，适用于响应或回答问题，这会让你的回答显得更加坚定和自信；五到十秒的长停顿，可以营造出一种令人期待的感觉，就像镜子一样，引起对方自我反思并走向冷静阶段。

- 当你接受停顿带来的沉默时，你开始掌握冲突的节奏。这就像驾驶汽车时踩刹车——通过控制交流的速度，你可以安全地朝着更有成效的方向前进。

规则二：

✓ 表达时
要有自信

第七章

声音坚定自信

假设你是情感研究试验中的一名志愿者。医生在你的头部和胸部贴上各种贴片和导线，用来监测你的生命体征。一位科研人员拿着书写板夹和记事本走到你面前，命令你：“立刻快乐起来。”

你疑惑地看着他。**快乐？要因为什么事情快乐呢？**你挤出一个假笑，还干笑几声，但这并非发自内心的开心。你拼命回忆那些可以让自己快乐的事情，却始终无法快乐起来。

科研人员在记事本上潦草地记录着，然后又命令你：“立刻害怕起来。”

和上次一样，你努力寻找害怕的感觉。环顾四周，这些电线和监视器虽然看起来有些怪异，但你并未真正感觉到害怕。你试图回想最近看过的一部恐怖电影，却无法集中思绪，反倒觉得现实世界中的一些新闻比恐怖电影更加骇人听闻。

科研人员记录下更多信息。接着，他深吸一口气，然后命令你：“立刻愤怒起来。”话音刚落，“啪”——他使劲用木纸夹敲了一下你的头。

你立刻皱起眉头，瞪了他一眼。你竟然动手打了我！你的心中震惊且不适。最为关键的是，你确实立刻就感到了**愤怒**。

科研人员笑着说："现在感受一下原谅吧！"

自信是一种感觉

"杰斐逊，我怎样才能感到自信？"

这是我常常被问到的问题，问话的目的有的是为了应对职场中的复杂问题，有的是为了在面试中脱颖而出，也有的是为了争取自己的利益。然而，这种问法其实存在语病。

因为情感不像灯具的按钮，可以随意开关。情感源自某些事物和想法，比如，糟糕的记忆、快乐的想法，或是充满压力的环境。情感的出现总有其缘由，比如，刚才举的例子中，头部受到敲击才会引发你的愤怒。自信也同样如此，它是一种内在的**感觉**，无法被随意召唤。因此，在你需要自信时，它不能召之即来。只有当你真正感受到自信时，才能明白何为自信。自信是一种能力，使你能够在了解并欣赏自己的优点和局限的前提下，有效地开展行动。

因此，问"我怎样才能感到自信"就像在问"我怎样才能感到愤怒"一样，这些问题并不符合感觉产生的规律。获得自信的唯一途径就是去充分体验人生。自信是通过特定的行为逐步建立起来的，它是一个主动积累的过程。

所以，问题不应是"我怎样才能感到自信"，而应是"我该做什么来创造增强自信的人生体验"。自信是在行为中获得的，这种行为我们称之为坚定自信的行为（assertiveness）。自信体现在坚定自信的行为当中。

坚定自信的行为是表达自信的方式。自信是一种感觉，而坚定自信的行为是行动。你可以把自信看作内在的品质，而坚定自信的行为则是外在的表现。坚定自信的行为就是把自信付诸行动。坚定自信体现在你说话的方式上，体现在你说话的态度上。

自信与坚定自信的行为相辅相成。两者形成一个正面反馈循环：坚定自信地表达能够增强自信，而由此获得的自信又鼓励你更加坚定自信地表达自己（见图7-1）。这是一个能改变整个生活的强大组合。能够以赢得信誉的方式坚定维护自己的需求和立场，是一种言语无法形容的力量。

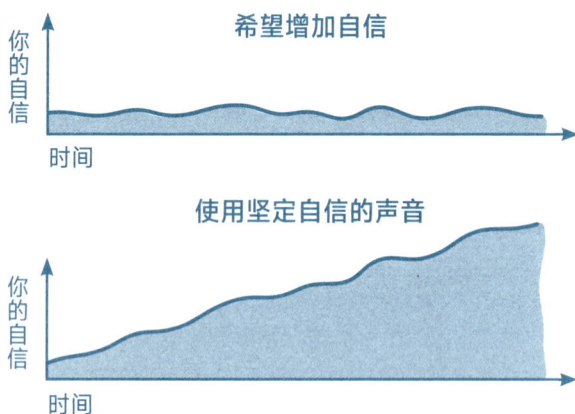

图 7-1　坚定自信的行为对提升自信心的作用

如何坚定自信地表达？我会详细讲解。

不过，你先别奢望把所有内容看一遍，需要时就能马上记起来。其实，你可以从下面十节课中先选一课，运用到下一次对话中。

现在，你的自信训练即将开始。

练习坚定自信行为的十节课

让我们从基础练习开始。首先，你要建立一个词汇库，储备那些坚定自信的词语和常用短语，用来表达自信但同时不会显得咄咄逼人。然后，你要学习体现自我尊重的特定声音和语调模式。其次，你需要在对话、电子邮件、短信和视频会议交流中寻找实践的机会，以坚定而友善的方式维护自己的立场。最后，你将逐渐习惯于使用这些坚定自信的交流方式，在任何对话中都将本能地感到自信。

让我们现在开始吧。

第一课：精选词语

在所有提升自信的技巧中，最重要的莫过于措辞。你所选择的语句，甚至每一个词都会直接影响你能否坚定自信地进行表达。你所写的每封电子邮件、发送的每条短信，也都会受到这一因素的影响。

每一个词语都很重要。

正如我在本书开篇时提出的问题：你的语言呈现了一个怎样的你？行动胜于语言，但行动无法替代语言。你所说的每个词都蕴含着强大的力量。你的措辞塑造了你的个性、声誉和品格。在措辞方面下功夫，就是在投资未来的自己，涵盖你的自尊心及个人修养。比如，假设你给同事发送了一封简短的电子邮件：

> »"我只是想跟您简要讨论一下大纲的情况。"

现在，让我们稍作改动：

» *"我想跟您简要讨论一下大纲的情况。"*

你能感受到区别吗？第一个句子传达出一种谨小慎微的态度，另一个则为你树立起自信的形象。去掉一个词可以让句子焕然一新。第一个句子中的"只是"这个词，听起来让人感到说话者在犹豫，仿佛你并不希望打扰对方（尽管你确实打算这样做）。而第二个句子则清晰地表明了你的意图。

以下是更多对比示例：

» *缺乏自信的表达："我考虑一下是否应该问问团队。"*
» *坚定自信的表达："我会问问团队。"*
» *缺乏自信的表达："我想我只是希望稍微更清楚地了解你的期望。"*
» *坚定自信的表达："我需要更清楚地了解你的期望。"*

要做到坚定自信其实并不难。相信自己完全可以做到，并且你也知道该如何去做。你本身已经具备了"解锁"新表达方式的所有技能。一旦你在交谈中开始注意到自己和别人的不确定用语，那些冗余的表达就会像眼中钉一样，让你无法视而不见。

第二课：言出必行

还记得吗？自信是从行为中获得的。要想变得自信，你需要向自己证明你会说到做到。这意味着，你需要先告知对方自己接下来的计划，然后坚定地执行。关键在于把你正在做或打算做的事情大声说出来。例如：

> »"我要结束对话，去处理其他的事情了。"
> »"我正在征求你的许可。"
> »"我正在设置一个提醒。"

不要说"我有点想"或"我不确定""我猜"。要明确表达你的行动和意图，不要有任何犹豫。

以下是我经常在邮件中看到的一句话：

> »"劳烦查看附件。"

这到底想表达什么意思呢？对方当然会查看，因为你已经在邮件里附上了。对方当然知道这是附件，因为他们看得到附件。所以，**"劳烦"**这个动词没有任何实质作用。这种表述显得不够直接、有力，仿佛你是个不重要的局外人。也许你并没有把这个问题放在心上，但为什么要错过这个展示自己的机会呢？哪怕是一个微小的机会，都可以用来展示你在沟通、诚信或声誉方面的自信。

"现附上合同"或"我已附上合同"听起来更加主动、积极和坚定自信。告诉对方你的打算，然后执行，这无疑会展现出你自信的一面。

告诉别人你将要做的事情，对你自己的作用胜于对方。当你能做到言出必行时，你的内心就会获得一种掌控感，就像对自己说："嘿，我能做到。"这不仅是在肯定自己的能力，更是在积累自信——这些简单而坚定自信的行动，将会累积成人生经验，进而提升你的自信。特别是在设定边界时，这些步骤的影响会尤为显著。这将在本书第九章中谈到。

向他人告知你的意图并付诸行动，你会向旁人证明自己是一个言出必行的人。否则，你必定会被人轻视。

设想你正处于一场激烈的争论之中，双方的交流已经升级为频繁的人身攻击，你想尽快脱身，于是你放声大喊："我发誓，你敢再说一遍，我就马上离开！我是说真的！我真的受够了！"对方也不甘示弱，真的马上重复了一遍。但你并未离开，还是留在原地，继续与之争论、吵闹，场面愈加不可收拾。

试问你这是在树立自己的威信，还是在削弱它呢？

糟糕的是，你不但无法树立自己的威信，还破坏了自己的形象。现在，对方已经看透你，认为你对自己说的话不当一回事。你给自己塑造了一个光说不练的形象。

想要重新夺回控制权，你就必须坚定自信地表达自己的想法并付诸行动。告知对方你下一步的行动，然后坚决执行。以下是正确的做法：

» 不要猛然摔门而去。你可以说"我现在要离开这个房间"，然后决然离开。

» 不要突然挂断电话。你可以说"我现在要结束通话"，然后果断挂断。

正如在台球比赛中，选手在击球前要预先说出自己的目标一样，按照既定目标采取行动彰显出你的坚定、果敢。你敢于表明自己的意图，并深信自己能够执行到位，而当你贯彻到底时，你的信念也随之增强，如此往复形成良性循环，你将会变得更加自信。

自信就是言出必行，决不食言。当你信守承诺，达成自我期许，并敢于用坚定自信的语言表达出来时，你会因此信心大增。

第三课：坚定表达要求而无须道歉

让我们假设这样一种场景，你是世界上最优秀的律师，身穿笔挺的职业装，浑身散发着自信的光芒。而你的委托人，正是你本真的自我，身着便服，和现实中的你一样有着许多欲望、需求和烦恼。你们身处一间宽敞的会议室，其他人坐在你们对面的桌旁。你轻拍委托人的肩膀，示意其安然落座，而你依然保持站立的姿势。

你深知，在这关键时刻，只有你能挺身而出为委托人发声，你是委托人的唯一希望。你对委托人的需求也早已了如指掌，并为此做好了万全的准备。会议开始了，你代表委托人发言：

> "我的委托人不会接受这一点。"
> "我的委托人希望得到公平的待遇。"
> "我的委托人需要确保这种情况不会再次发生。"

在为委托人辩护时，你的言辞铿锵有力，语气坚定自信。此时，你不仅在参与讨论，更是满怀自信地引领对话的走向，慷慨激昂地阐述着委托人的需求和权益。你精心斟酌每一个词，尽力维护委托人的最大利益，确保其得到应有的尊重。在这个过程中，你能深切体会到自己声音中所蕴含的强大力量。

现在，请用同样的力量和语调，怀着同样的正义感，把上述句子中的"我的委托人"替换为"我"。

> "我不会接受这一点。"
> "我希望得到公平的待遇。"

>> "我需要确保这种情况不会再次发生。"

以上行为正是为自己争取权益的体现。

为了展现出更加坚定自信的态度，现在请你将表达需求放在首位，以"我需要"作为句子的开头。这个简单的语言转换，能让你更有力地表达并掌控自身的需求。

>> "我需要一点时间。"
>> "我需要和你谈谈。"
>> "我需要你明白这件事对我的影响。"
>> "我需要你的帮助。"

如果一个人不懂得坚定地表达自己的需求，那就谈不上自信。你必须为自己勇敢发声。对你而言，首要之事是停止过度道歉。这里说的道歉不是指真正必要的道歉，而是那些多余且毫无意义的道歉，就如同你在请求、提问或澄清时随口说出的"对不起""不好意思"。例如：

>> "对不起，可以占用你一点时间吗？"
>> "对不起，我今天不行！"
>> "不好意思，打扰一下。"
>> "不好意思，我不太确定我的理解是否正确。"
>> "不好意思，可以请您再重复一遍吗？"

"抱歉""对不起""不好意思"等词或许能让你觉得安心，但其实它对维护你的自尊心来说弊大于利。请把真正的道歉留在必要时刻使用，比如，请求原谅、承认错误，或是对他人的痛苦表示同情时。

你可以用感激之词来取代过度道歉，或者干脆什么都不必说。

>> 过度道歉："抱歉，我迟到了。"
>> 表示感谢："感谢您的耐心。"

>> 过度道歉："对不起，打扰了。"
>> 表示感谢："感谢您的帮助。"

>> 过度道歉："抱歉，我的问题太多了。"
>> 表示感谢："感谢您向我澄清这一点。"

无论你是否察觉，过度道歉都会对你的心态产生负面影响。你会倾向于把自己看成是个麻烦制造者或不受欢迎的人。但你要明白，你的自我价值不是按照给他人带来的麻烦大小来衡量的。要坚定地表达自己的需求，表达时既要尊重他人，也要维护自己的信誉。这不但不会带来任何不便，反而是必要之举。

第四课：关键时刻显身手

在我之前就职的一家律师事务所工作期间，我曾参加过一次合伙人会议。会上，大家讨论的都是一些常规的年终话题，包括奖金、加薪和明年的工作计划等，各方争论都很激烈。每当会议快要取得进展时，总有人会不失时机地对提案进行评论或挑刺。这人全然不顾自己的评论是否贴合议题，而且总是与决策方向背道而驰，无谓地浪费会议时间。我本人完全支持对提案进行魔鬼论证①，但这人只是一味提出"但如果……会怎样"这类的假设性问题，从未想过为解决方案出力。

他满腹牢骚，总是抱怨自己压力巨大，但他的工作成果却寥寥无几。众所周知，此人工时最少、进账无几，对公司的动态和发展方向也知之甚少。用得克萨斯州的一句俗话来说，他就是"牛仔帽一堆，牛却一头也没有"，意为只会夸夸其谈，却无法付诸实际行动。此人说得越多，得到的尊重和信任就越少。每当他插话，周围的人都不由得怨声载道或报以白眼。

相反，那位德高望重的资深合伙人从不轻易发言，但只要他开口说话，所有人都会停下手中的事情认真倾听。这时的沉默不是由于缺乏兴趣，而是大家明白，在这个关键时刻，所有人都需要听听这位合伙人的意见。相比之下，那个所知最少、贡献最小或意见无足轻重的人往往最喜欢发言。我相信你肯定参加过这样的线上会议，那些掌握信息最少的人，总是迫不及待地对每个小问题发表一些自己的"高见"。

不自信的人与自信的人之间最大的区别，就在于他们是否经常有强烈的发言欲望，这是一个很明显的判断标准。我并不是说你不应该参与讨论、表达关心或与团队合作，我想说的是，没有安全感的人往往有种对每件事情都评价一番的冲动。正因为缺乏安全感，他们想向别人证明自己，展示他们有多聪明、多正确，或是与别人相比他们有多强。正由于缺乏自信，所以他们竭力想向你证明他们并非缺乏自信。缺乏安全感会有几种明显表现，包括喜欢攀附名人、事事攀比或总喜欢在最后发表意见。

自信的人往往保持缄默，他们的缄默中蕴含着深沉的智慧。他们会倾听、观察并吸收周围的信息。自信的人无须向他人证明自己，因为他

---

① 魔鬼论证（a devil's advocate on ideas）：一种通过提出反对意见来增强论证和决策过程的方法，有助于确保决策过程中考虑了所有可能的观点和论据，从而做出更全面和均衡的判断。

们对自己的能力和学识充满信心。他们完全相信自己，无需外界的认可，因此并不渴望成为众人关注的焦点。

与之相反，缺乏安全感的人做事没有信心，所以常常批评别人，以此找回自信。我们要避免成为这样的人。当你遇到这种人时，要明白他们只是在消除自己的不安全感。请记住，真正自信的人会选择在适当的时机发表自己的看法。

第五课：少说为妙

所谓要言不烦，话语越简练，观点越鲜明。

如果把对话比作供需关系，经济学表明，当某种商品供应过剩，需求就会减少，价格也随之下跌；反之，当供应短缺，需求增加，价格也随之上涨。对话亦是如此，你说得越多，我倾听的欲望就越低，你的话价值也就越低；你说得越少，我倾听的欲望就越高，你口中说出的每个词都价值千金。此外，你在对话中说得太多，还会让听众分散注意力。

与之类似，过多的解释会让你失去威信。你在对话中堆砌的词语越多，实际传达的信息就越少。对琐碎之事发表长篇大论是大忌。很多时候，过度解释的原因往往是说话人担心自己不能取信于对方（如前所述，这与社会评价有关）。然而，解释得越多，旁人越认为你不可信。因此，对真相过多添加解释，听起来反而更像谎言。话说得越多，就越表现出你对所讲内容的不确定。

第六课：去芜存菁 —— 丢掉填充词

填充词就是讲话过程中用来拖延时间的"嗯""啊"等词。这类词的使用是很自然也很常见的语言现象，人们常常会下意识地用它们来填补沉默的空隙，让对话听起来更加连贯。在和朋友、家人聊天的非正式场合使用这些词并无大碍，因为简单的填充词可以保持对话流畅，而且在轻松的对话气氛中，你几乎不会注意到它们的存在，你的精力往往用在思考更深层次的问题上。然而，在正式或专业的场合中，使用填充词则显得你犹豫不决、缺乏自信。这些语言的"拐杖"会暗示你没有做好充分的准备，或是对自己所说的话不太肯定。

此外，你可能并没有意识到以下词语也是填充词，例如：

» "比方说"
» "你知道的"或"你懂的"
» "对吧"或"我知道的，好吧"
» "那么，对了"

对话时，你只要用**沉默**取代这些词即可。体会一下这两句话的差异：

» 加入填充词："那么，嗯，呃，比方说，是吧，你知道当你在对话中使用填充词时，它们好像会或多或少地干扰你所传递的信息，对吧？"
» 去掉填充词："当你在对话中使用填充词时，这些词会干扰你所传递的信息。"

前一种说法，理解起来比较费劲，把这些填充词用沉默取代之后，就简单易懂多了。

刚开始尝试这种方法时，你可能会说得很慢，因为你会特别在意要说的每一个词，以防将填充词混入其中。不要去在意它，你只需要抑制自己发出噪音的冲动，逐渐适应用沉默取而代之的方法。

我们在第六章中学过，沉默其实起到了停顿的作用，它可以使你更好地掌控对话，而且还能对其后内容加以强调。也许你心里会感到有点别扭和不习惯，但听众只会认为你的话意图明确且充满自信。填充词对听众而言毫无意义，相反，每一个多余的词语都在干扰你所要传递的信息。

因此，大胆去掉这些词语。如果你表现坚定自信，说话就必须干脆利落。

第七课：切勿妄自菲薄

如果连你都不相信自己，那么对方又有何理由相信你呢？妄自菲薄的语言会蚕食你的自信。这些话包括：

- »"很抱歉打扰您。"
- »"我知道这听起来可能有点愚蠢。"
- »"请原谅我提个愚蠢的问题。"
- »"我可能说得不太全面。"
- »"你应该比我更了解情况。"

我相信你说这些话的初衷是出于善意。你希望用谦逊甚至自贬词来缓和语气，其心可鉴。然而，对方听到信息后的效果却会让你事与愿违。

他们听到的是你对自己的轻视，好像你在刻意降低别人对你的期待。这样一来，在你还没完全施展才华之前，就已经在对方心里播下了不信任的种子。而且，对方往往会从你自谦的话语联想到实际的不良影响。

也就是说，当你说"很抱歉打扰您"时，对方听到的是"我接下来说的话会打扰到您"。同理，"请原谅我提个愚蠢的问题"，会让对方联想到你听起来很愚蠢，或者你提的问题会很傻。这种缺乏自信的措辞，与之前提到的过度道歉类似。你为自己占用别人的精力而道歉，这不但没有展现出你的坚定自信，甚至还给对方徒增了社交负担。他们需要安慰你说"哦，您没有打扰我"或"这不是愚蠢的问题"，这就导致在你切入正题前，双方还需要说这些多余的客套话。更糟糕的是，你无形中加深了别人对你的负面印象：你不值得被倾听，或者你无足轻重。

在句子后面加句"这样说你能理解吗"也是一种自我贬低的表现。我明白你想确认自己的话是否表述得当、合乎逻辑，但这样的表达只会让你陷入两难的境地。最好的情况下，这种话也只是让你显得信心不足、不太果断。例如，"因为天气原因，明天的会议时间需要调整一下，毕竟要考虑交通和其他因素的影响。我这样说你能理解吗？"最坏的情况下，你甚至可能会冒犯对方，好像你在质疑对方没有能力理解你所说的话，但其实对方完全能够理解。比如说，"所以你只需把这两个部分连接起来，它就会开始工作了。我这样说你能理解吗？"为了免去麻烦，你可以直接去掉"我这样说你能理解吗"这句话，或者用"你觉得怎么样""这听起来怎么样"来代替。

每次你意识到自己打算表现出谦卑时，请及时停下来，转而坚定自信地表达自己的想法，语气不要带有任何自我怀疑的成分。请记住，你的付出是有价值的，而自信地表达这一点不仅会改变他人对你的看法，也会改变你对自己的认识。你的表述方式应当侧重于对问题的深入探讨或解析。例如：

» "我想在您讲的基础上进一步阐述。"

» "我想更深入地探讨一下。"

» "我可以再展开来讲述吗？"

» "我有一些想法，或许对解决问题有所帮助。"

这些话表明你在围绕自己的问题或观点进行积极思考，而不是在回避问题。

第八课：删繁就简 —— 丢掉冗余词

要想优化你的自信词汇库，最好的办法就是删去句子中的副词。副词是用于修饰动词或形容词的词，在英文中，它们通常是以 –ly 结尾的单词，或是用来表达某种程度的词。例如：

» Just（只是）

» So（所以）

» Very（非常）

» Actually（实际上）

» Basically（总的来说）

» Essentially（基本上）

» Literally（简直就是）

这些词用在闲聊中并无不妥，但如果你想要更加坚定自信地表达重要内容，那么你应该明白言简意赅的道理。因此，你可以删去副词使句子更为简洁。请试着比较一下这两句话之间的区别："所以基本上，副词实际上削弱了你句子的力量。"与"副词削弱了你句子的力量。"

此外，还有一些词句会削弱你的坚定自信。以下这些表述，你可能并不陌生：

> » "我想说的是……"或"我只是想说……"
> » "我就觉得很有意思，你怎么……"
> » "无意冒犯，但……"
> » "就是说……"
> » "我的意思是……"
> » "我得说……"
> » "说实话……"
> » "不要误会……"
> » "我真的只是……"
> » "我只是好奇……"
> » "所以我在想，或许我们可以……"

这些话，轻则会降低你的威信，重则会让人怀疑你的真诚。去掉这些多余的话语，只需直接说出你想表达的内容即可。

第九课：鉴往知来

很多时候，尤其是在工作场合中，你也不知道问题的确切答案。这时，你可以借此机会运用坚定自信的回应方式。不要表现得茫然失措，你可以借鉴过往的经验：

> » "我以前没有遇到过这种情况。"

» "根据我的经验……"

» "在过去，我曾……"

» "根据我的观察……"

通过借鉴过往的经验，即便不能立刻给出答案，你的回应也显得有理有据。请注意，直接承认"我不知道"并无不妥，而且承认自己的无知是诚实和虚心的表现，也是建立信任的基石。在承认无知之后，如果你还能尽力去寻找答案或回顾相关经验，那么你在他人眼中的价值会大大提升。与其束手无策地瘫坐在那，不如展示你的积极主动，从以往的经验中寻找线索，并利用现有的知识来探索未来。

第十课：说"我确信"

这一课的内容很简单，无论你接下来要回答什么问题，请在你回答的话语前加上**"我确信"**。如此一来，对方听到**"确信"**这个词，会自然而然地联想到你即将采取的行动。

» 原来的表达："我认为我的技能会成为贵公司的财富。"

» 现在的表达："我确信我的技能会成为贵公司的财富。"

» 原来的表达："我相信我能帮上忙。"

» 现在的表达："我确信我能帮上忙。"

» 原来的表达："我想如果有疑问，我知道该怎么做。"

» 现在的表达："我确信如果有疑问，我知道该怎么做。"

当你听到"**我认为**"和"**我确信**"这两种表达时，你会有什么感觉？
你愿意信赖两者中的哪一方更多一些？

注意你的语气

正如我在开篇所述，本书的重点不是教你说什么，而是教你怎么说。
如果只是告诉你使用哪些词汇，却不告诉你用什么语气去表达，我的使
命也就只完成了一半。那么，自信的语气听起来是怎样的呢？

如图 7-2 所示，自信的语气会给人一种平衡感。就像你戴着耳机听
音乐时，两边耳朵听到的音量几乎相同，这就是声音的平衡。在坚定自
信的表达中，这种平衡的含义是"我尊重你，同时也尊重自己"。咄咄逼
人与坚定自信的沟通方式不同，采用咄咄逼人的沟通方式往往显得说话
者缺乏对他人的尊重，而采用坚定自信的沟通方式则会让人感受到说话
者对自己的尊重。坚定自信的声音听上去平稳有力，语调均衡，说出的
每个词都使句子听起来铿锵有力，从而表达出说话者坚定的信念和对未
来的期待。

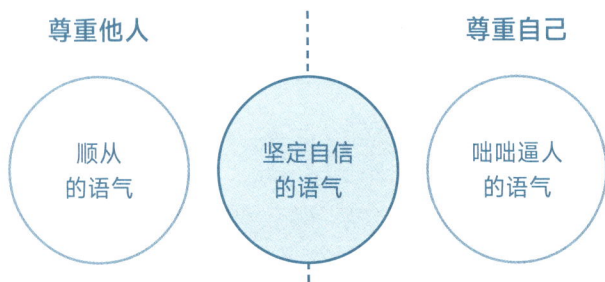

尊重他人　　　　　　　　　　　　　　　尊重自己

順从
的语气

坚定自信
的语气

咄咄逼人
的语气

图 7-2　坚定自信是尊重他人与尊重自己的平衡

想要自信的语气就要避免在句尾滥用升调，这种音调上扬的说话方式常用于疑问句，比如，"你确定吗？"即便是陈述句，使用升调也会让人觉得你不敢确定，或是在寻求认可。

想让你的话语听起来更加自信，不妨在句子结尾使用降调或平调。举个例子，晚餐时你想让家人帮忙把盐瓶递给你，通常不会用上扬的语调说："你能递一下盐吗？"这听起来会让人觉得你对盐一无所知，或是在质疑旁人连递盐这种事都做不好。在大多数情况下，你会使用陈述句的平调，保持语调平稳、自然。

目光接触是坚定自信沟通的另一法宝。目光接触可以显示你的专注、真诚和自信。当你在会议上进行内容分享或反馈时，与听众保持适度的目光接触能够体现你的自信，这仿佛在暗示对方："我讲的都是肺腑之言，而且我一直很投入。"而避免目光接触则可能让你显得犹豫不决或兴致缺缺。不过，一直盯着对方看也有可能被视为带有对抗情绪。

如果你对目光接触感到难为情，我还可以传授你一个实用技巧：在句子临近结束这段时间再进行目光交流。你不必全程保持目光接触，因为长时间注视对方可能会显得你过分热情，这甚至会让对方感到不适。在你说话快结束时与对方进行目光接触，也能达到良好的效果。

此外，语言的韵律、节奏和语速也至关重要。语速适中，吐字清晰，确保每个词都被对方充分理解，避免显得说话仓促或迟疑，这样的表达方式听起来会让人感觉你信心十足。恰如其分地安排好每个词语能表明你对所说的话已深思熟虑，并且会认真实行。反之，过快的语速会让你看上去过分紧张或缺乏信心，而语速太慢则可能被解读为犹豫不决。

综上所述，均衡的语调、适度的目光接触和恰当的节奏韵律能够显著提升交流的效果，从而使你的坚定自信的形象可听、可感、可见。无论表达的目的是申请晋升、设定边界，还是日常发表意见，表达方式的重要性不低于表达内容本身。当你将这些要素与条理清晰、尊重他人的语言相结合，就能够形成坚定自信的表达方式，成为你个人成长和职业发展的利器。

请快速回顾本章的十节课，挑选出对你而言最难的一节作为定期复习的重点。在接下来的口头和书面交流中，抓住一切机会实践。体会使用这些词对自己的影响，并观察他人的反馈，看看它们如何促使你更加坚定自信地表达自己。

使用坚定自信的词汇能够增强你的自信，而随着自信增强，你能够表达得更加自信。这是一个良性循环，需要不断强化。一旦你熟练掌握了这节课的要点，即可将另一节课的内容融入其中，无须专门另找话题学习新课。那么，现在就开始建立并运用你的自信语言库吧。

本章小结　SUMMARY

- 自信是一种内在的感觉，而非召之即来的物品。

- 通过坚定自信的表达来建立自信，这两者相辅相成，形成一个良性的反馈循环。你的表达越坚定自信，内心就越感到自信；你越感到自信，你的表达也就越坚定自信。

- 措辞的选择非常重要。一般而言，你用词越简洁，听上去就越自信。避免使用不必要的道歉和填充词，以此增强句子表达的力量。

- 当你知道如何发出坚定自信的声音时，你就具备了表达自己需求的有力工具。

第八章

应对难以沟通的人

在法律纠纷中，家人之间的纠纷是最让人难过的，其次是朋友之间的矛盾纠纷。

那些能进入你生活圈的人对你知之甚多，他们知晓如何掌控你的喜怒哀乐，所以，当原本亲密的关系走向恶化时，往往会演变成最闹心的冲突，激发出人性中最阴暗的一面。有时候，生活中最难相处的人，要么与你有亲属关系，要么和你有过往交集，这种关系无疑会让艰难的对话更加棘手。我想你或许会对此有所共鸣。

我曾经处理过一对中年姐妹的官司。这话题听起来就充满了戏剧性。

姐妹俩共同继承了家族企业，我的委托人希望继续运营企业并延续之前的辉煌，但她的姐姐想卖掉企业并平分收益，因为她有着和妹妹不同的人生规划。为了家产问题，她们争执不断，因此想要彻底分割财产。我们的谈判计划是让我的委托人收购她姐姐的股份。

经过多轮谈判，妹妹的慷慨和耐心换来的却是姐姐的固执己见，有时甚至是赤裸裸的敌意。她的姐姐偏执地将我的委托人说成是十恶不赦的反派。每当我的委托人提出解决方案，无论多么合理，对方总是在歪曲她的意思，对她进行尖酸刻薄的评价和侮辱。委托人的姐姐甚至不惜翻出儿时的旧账，她很清楚这些话语最能刺痛她的妹妹。

"我还要容忍她到什么时候？"委托人在电话中问我。

"你一直表现得非常友好，"我说，"但这并不意味着你要示弱。你无须反击，但也不能被她击倒。"

我的委托人承认，她一方面想尽力维持姐妹间的和睦；另一方面又希望尊重父母的遗愿，经营好家族企业。但她也认为目前似乎已经无计可施。眼看着达成共识已不可能，她最终选择另辟蹊径，开始运用本章提到的技巧来捍卫自己的立场，与姐姐据理力争，并逐渐赢回了自己的发言权。

双方最终同意在律师的陪同下见面，进行最后一次谈判，彻底解决家产问题。我的委托人走进房间时，仍显得有点紧张，但是她一开口讲话，我便能感觉到她多了一份前所未有的自信。讨论刚开始进行得还算顺利，不过，她的姐姐很快就开始无理取闹，谈到某个话题时甚至抛出了一句极具杀伤力的话，宛如扔下了一颗"手榴弹"。

"我向来不喜欢你。对我而言，你跟死了差不多。"我的委托人听完这话后沉默了。谈了这么多次，我明白这话如同利刃般深深刺向妹妹的心。在长久的沉默之后，妹妹终于开口说："我需要你把刚才的话再说一遍。"

她的姐姐这时却犹豫了。妹妹的反应出乎她的意料。她似乎想再说一遍，却怎么也说不出口。

"我——我不会再说了。"她的姐姐声音有些颤抖。"那么，我接下来要说的话，也不会再说第二遍。"我的委托人神情坚定地说，"我不想再维持这种像过山车一样的关系了。如果你也愿意改变这个局面，现在就和我分道扬镳吧。但是，我一直都深爱着你。"

她的姐姐流泪了，她请求和自己的律师单独谈谈。几分钟后，案件达成了和解。

你应该听过类似的建议：在遇到这种困境时，你需要保持同理心，努力找到双方的共通之处。这种建议无疑有其深意，这样的行为也很高尚。但有时候，它可能并不适用于当前的实际情况。如果你感到自己的同理心已被耗尽，你该如何应对？如果你觉得自己的同理心正被他人消耗或利用时，你又该如何沟通？

当对方变本加厉

仅凭善意不能解决所有问题。有时，即使你耐心十足，一再温和地解释也无济于事，对方就是故意歪曲你的意图。遇到这种情况，你也许会采取以下两种方式：要么如履薄冰，不断地调整言行以避免任何冲突，但这是以牺牲你自己的真实性和内心平和为代价的；要么加倍奉还，以牙还牙，以眼还眼，对抗到底。

但我的建议是以上两种都不选，因为你还有第三种选择。你可以运用从本书刚学到的坚定自信语句予以回应，确保对方无法产生任何误解。这种回应方式既能显示出你反击的勇气，同时又不失礼貌与尊重。

当对方变本加厉时，你需要明确表达自己的反对立场。当然，你仍然能够体现出正直且尊重他人的品格，但你的回应也应表明，出于对自己的尊重，你必须说出哪些事情是自己无法接受的。

在维护自身权益时，当务之急是要知道什么情况下应当挺身而出。因为并非所有人都值得你挺身而出，这是一种自我价值感的认知。同样，也并非所有人都值得让你付出内心的宁静，你必须评判对方对你而言是否重要。

坚定自信地表达异议和捍卫自我既是一门艺术，也是一项技能。如果你遇到那种言行极其过分的人，以下是你需要掌握的高级工具。

如何化解侮辱、无礼和轻视

当有人对你出言不逊，甚至进行人身侮辱时，你要明白对方其实是在试图从你这里获取一种名为多巴胺的物质，这是一种能激励和褒奖对方的"愉悦激素"。他们追求多巴胺的动机其实与你本人并无直接关联，而是源于他们自身缺乏安全感。通过贬低他人，无能者感觉自身变得强大，被忽视者感觉自身受到了关注，而嫉妒者则感觉自己赚到了便宜。他们往往会选择哗众取宠或是激发你的负面反应，并以此来获取多巴胺。

此外，他们还专门盯住你的弱点，或将自身的弱点投射到你身上，以此来转移注意力，从而忘记自身的弱点——在评价他人时，你其实也会不自觉地这样做。他们错误地认为，如果能把不安全感转移到你身上，他们内心的不安全感也会有所缓解，哪怕只是暂时的；而当你感觉难过时，他们内心的难过感就会相应减少。这就构成了一个恶性循环，他们通过打击你的自信心来换取自己一时的快感。

关键在于识破这些言论背后的真正目的：他们是在试图引诱你做出反应。

请记住，这些话语并非特意针对你，而是因为他们需要从你的回应中获取多巴胺。

因此，当他们为了寻求多巴胺的刺激而发表言论时，你最糟糕的做法就是如他们所愿。切记，千万别中了他们的圈套。

当他们侮辱或冒犯你时……

"你真是一点也不聪明。"

"你简直就是个失败者。"

"你长得真丑。"

无论是辱骂你还是针对你的性格、外貌、能力或身份进行人身攻击，他们恶语相加的目的都是想伤害你。他们可能会攻击你的年龄、种族、性别或背景，旨在深深刺痛你，而且说得非常直白，因此杀伤力十足。

我很理解你在受到侮辱时想要反击，以此解气的心情，"哦，你说我不聪明？那你岂不是……"不过，反击只会让冲突愈演愈烈。你也许会说，冲突升级也无所谓，但这样做会让你也变成一个需要多巴胺刺激的人。于是，双方继续你来我往、唇枪舌剑，直到一方妥协为止。

这样做太不值得。你的个人价值非常宝贵，这种低级的骂战根本不值得你耗费心神。

当有人侮辱或冒犯你时，你可以尝试用以下几种方法应对。

1. 用长停顿作为回答

运用长停顿作为回答，不仅能够让对方难听的话在其耳边回响，还能隔离对你的伤害，以免产生防御心态。这点我们在第十一章还会详细探讨。此外，长停顿还能迫使对方重新思考，是执迷不悟还是收回自己说过的话。这种尴尬的停顿会让对方感到局促不安，但没关系，这正是我们想要达到的效果。最重要的是，你的沉默夺走了对方所获取的多巴胺。

2. 缓慢地重复他们说过的话

在大多数情况下，沉默本身已是你所要表达的全部内容。如果沉默还不足以传达你的意图，那么你可以以非常缓慢的方式重复他们说过的话。此时，你的复述就像是他们说话的回声，确保他们听清自己所说的每一个字。

3. 保持呼吸，缓解紧张

当你重复对方的话语时，有时可以清除误会，但也可能火上浇油。这时，你需要专注于呼吸控制，目的是确保身体不会绷得很紧，以及思维不被扰乱。如果你进入了浅呼吸状态，也很可能会导致情绪反应滞后，从而失去心理优势。如有必要，为自己设定明确的"边界"，这一点我们将在下一章中详细阐述。

当他们贬低你、以一种高高在上的姿态对待你时……

"让我用你能理解的方式解释一下吧。"

"哇哦，看来你终于瘦了一些，真不错呢。"

"你以为自己做的是正确的吗？真是天真！"

发表这些评论的人故意用这样的话贬低你的努力、能力或地位，以一种"居高临下"的姿态，重复一些显而易见的事实。与当面侮辱不同，这类话说得更为隐晦，通常表现为做作或假惺惺的赞美、示好，但其实是在暗中羞辱你、贬低你的重要性。

当有人这样做时，尝试以下三种方法：

1. 让他们再说一遍

让他们重复一遍自己的话，就这么简单。当你要求他们重复说过的话时，你其实已经夺走了他们的多巴胺，也就是他们试图通过挑衅你所获得的快感。这就像用一条湿漉漉的毯子盖住了那团燃烧的火焰，你的回应会让他们始料未及。他们原本想贬低你，企图将聚光灯对准你，而你让他们复述的做法让焦点又回到了他们身上，这会让他们如坐针毡。他们只好马上改口说"别介意"或"呃，我的意思是……"。表达这一要求的语句其实很简单：

» "我需要你把刚才说的话重复一遍。"
» "我需要你再说一遍。"
» "刚才我没听清楚，你能再重复一遍吗？"

2. 问问他们的真实目的

不管他们是否有胆量再说一遍，你要做的是直接询问他们的真实目的。这个问题旨在揭露他们的企图，再次提醒他们反思自己的言行。

» "你这么说是想伤害我吗？"
» "你这么说是想羞辱我吗？"
» "你这么说是想让我感觉自己微不足道吗？"

» "把这话大声说出来让你感觉挺不错吧？"

3. 用沉默回应

无论他们如何回应，你都应保持沉默，最好不再给予任何答复。他们很可能会找个拙劣的借口搪塞你，例如说他们只是在开玩笑，又或者吞吞吐吐、出尔反尔。此时，让他们尽情展示自己的丑态，而你已经用沉默表现出你是个自控力强且处事镇静的人。

当他们表现出无礼或不屑时……

"哦，你还在说话呀？"
"没人问你意见。"
"听你说话我都觉得自己变笨了。"

这种说法更为常见，不但有违社交礼仪，也缺乏对他人的尊重。这种表达方式不管是直接的还是间接的，都十分粗鲁、令人讨厌。这些评论旨在否定你的想法或信念。

当有人对你表现出粗鲁的态度，或轻视你的观点时，可以试试以下几种方法。

1. 以短停顿作为回答

稍作停顿，认真思考他们的话。沉默如秤，可以衡量出对方的话是否值得你投入更多的时间和精力。

2. 询问对方的意图

这个问题表面上是针对结果发问，实则是聚焦于原因，旨在凸显对方恶劣的语气，并深入探究其真实意图，例如：

» "你想表现得很无礼吗？"（或是冒犯／不屑）

» "你那样说是故意表现得冷淡吗？"

» "你这么说的意图是什么？"

» "你希望我对此有何反应呢？"

» "你说这句话是想帮忙还是想伤害别人？"

3. 静观其变

在大多数情况下，对方会主动澄清自己的意图，或是向你道歉，并修改他们的说辞，如"哦，不是那样的，我的意思是……"一旦发生这种转变，就说明你已经成功避免了把事情变成"私人恩怨"，从而免除了一场冲突。

但如果对方蓄意伤害你，那么你就应该置身事外，保持沉默，继续做好自己的事情。

上述方法不仅适用于口头交流，也适用于书面沟通。你只需回复一封简短的邮件或短信，例如，"你那样说是故意表现得冷淡吗？"这样便可以纠正对方大多数令人不适的措辞和考虑不周的信息。

驳回缺乏诚意的道歉

对方自知做了错事，还被你知晓，却还不想真心实意地道歉。

要求伤害过你的人向你道歉，可能会让你感到非常痛苦，甚至会加重对你的伤害，就像在伤口上撒盐一样。但若对方拒绝道歉，你的心情会更糟糕，你会觉得自己的感受和遭遇都被否定了，最终导致双方之间的裂痕会进一步加深。对方拒绝诚恳地向你道歉，并且不承认伤害了你，因此双方的和解遥遥无期。由于愈合进程受阻，你们之间的信任和尊重也开始瓦解。

拒绝道歉和以借口伪装成道歉，两者之间几乎没有区别，如果有，那就是后者更让人痛恨。对方对你的需求心知肚明，却装聋作哑。他们知道自己应该道歉，也知道应该怎样道歉，但偏偏避而不谈。他们这样做归根结底是因为害怕承认错误。承认错误并承担责任会使他们的自尊心受到打击，因为他们不得不直面自身的缺点。因此，对许多人来说，正视错误并为此道歉并不容易。

或许你自己也有过相似的经历，很多时候你不愿意说一声"对不起"——"我才不道歉，我又没有做错什么。"但你要明白，如果某人对你很重要，而对方确实感觉受到了伤害，拒绝道歉只会损害你们之间的关系。道歉会让你有什么损失呢？说真的，即便你并不完全认同对方的意见，道歉又会给你带来什么损害呢？

有些人假装自己是受害者，以此来操控你，并迫使你道歉。对于这种情况，我们有其他的应对策略。但我所说的并不是这种人。我所说的是在生活中，说出伤害对方感情的话时的处理方法。在这种情况下，你可以说："我现在还没准备好道歉，我太生气了，需要先冷静一下。"这是一种和对方沟通的态度。然而，如果你武断地认为对方不值得道歉，而拒绝道歉，那就相当于你又当运动员又当裁判员，这样是难以服众的。

没有人可以告知你应该如何感受或应该有何感受。

这就跟有人打了你一拳，然后告诉你这不疼一样荒谬。疼痛与否不是由他人决定的。有鉴于此，尽管你无法强迫别人道歉，但你可以为自己挺身而出，明确告诉对方，你不再接受那些缺乏诚意、没有意义的道歉。

拙劣的道歉形式多样，以下这些常见的例子，你或许早已耳熟能详。

缺乏同理心的道歉

比如，"呃，让你有这种感觉，对不起啦。"

此时，你应该这样回答："不必为我的感觉道歉，请为你的行为道歉。"

对方以这种道歉方式把责任推得一干二净。对方对自己的错误避而不谈，却将关注点转移到你的反应上。你回答时要把对话拉回关注的重点，即对方的行为。上述回答传递的信息是：**我的感受是我自己的事，你应该对自己的行为负责**。你应该强调，对你的感受道歉和为他们自己的行为给你造成了伤害而道歉是两码事。他们没有资格为你的感受道歉，而应该为引发这些感受的行为道歉。

缺乏歉意的道歉

比如，"如果我做错了什么，我很抱歉。"或者"如果我给你带来了麻烦，我很抱歉。"

此时，你应该这样回答："请你把'**如果**'换成'**由于**'。"

加了"**如果**"二字，对方就把道歉变成了一种假设性的、不确定的表达，好像他们对自己的所作所为还有辩解的余地。你的回应是要求他们去掉这些假设条件。将"**如果**"换成"**由于**"，意味着对方要直接承担责任，把道歉从假设性的推脱，转变为承认实际造成的伤害。**由于我给你带来了麻烦，我很抱歉。**"这样道歉才会更加真诚且有意义。

用借口伪装的道歉

比如，"对不起好吧，我最近压力太大了。"

此时，你应该这样回答："你不必为你的压力道歉，但我需要你为自己说过的话道歉。"

这种道歉方式把责任推给外部环境因素，如工作、孩子或者其他压力。不过你要明白，这是**他们**的问题，不是你的问题。你不应该为此承受任何伤害。

上述回答拆穿了他们的借口。出口伤人的不是他们正在遭受的压力，给你带来麻烦的也不是他们的工作，所有责任都归属于那个需要为此负责的人。

居心不良的道歉

比如，"对不起，是我太糟糕了。"或者"对不起，是你太完美了。"

此时，你应该这样回答："我愿意接受道歉。"

这种道歉不仅暗藏祸心，还极具操控性。他们盼你上钩，期待上演类似这样的戏码：

你的妈妈："对不起，我这个妈妈很糟糕。"

你："你不是一个坏妈妈，只是要明白……"

你的妈妈："不，我是很糟糕。你就是这样想的。你总是想着……"

对方巧妙地转移了焦点，避开了对你造成伤害的事实。这类道歉把自己塑造成受害者，试图索取你的同情和安慰。上述的回应方法能够让你避免落入他们的圈套，显得既中立又有分寸。你清晰地表达了你可以接受对方道歉的意愿，但不代表你接受其他的指责。如果他们故技重施，你只需重复说："我愿意接受道歉。"

辩解式道歉

比如，"我只是开个玩笑。""我是闹着玩的。""我只是随口说说。"

此时，你应该这样回答："你还可以更搞笑些。"或"你的口中难道连点新鲜段子都没有吗？"或"我可不是（跟你开玩笑/闹着玩/随口说说）。"

这种道歉方式试图将自己造成的不良影响轻描淡写，让你不必较真，实则是在轻视你的感受，质疑其合理性，暗指问题出在你身上——你缺乏幽默感、太过敏感、反应过度。上述回应拆穿了这种伎俩，并且明确指出，幽默永远不能成为伤害他人的挡箭牌。

终止打断对话的行为

并非所有打断对话的行为都是故意为之，有时可能是对方太过兴奋，忍不住要插话。在朋友间的闲聊或是休闲场合，互相打断也很常见，并无不妥。但当你在进行严肃的对话、促膝谈心，或者在涉及整个公司利益的业务会议上发言时，被打断对话是一种很让人恼火的行为。

接下来，我们将介绍如何终止打断对话的行为。

第一步：允许对方插话

当对方第一次要打断你的讲话时，不用制止。

没错，这次就让对方插话。

但仅限于第一次。

此时允许对方插话有两个目的：

» 1. 可以让你在道德上占据优势。允许对方插话表现出你是个更加成熟、理智、遇事冷静且行事周到的人。如果你过早地阻拦说"呃，不好意思，我还没说完"，就会显得你过于严厉、不够宽容，或是缺乏安全感。记住，自信的人懂得如何选择良机。从某种意义上来说对方没有夺走你的任何东西，而且，打断别人讲话这一行为反倒显得对方很差劲。不要把本该属于他们的负面形象包揽到自己身上。

» 2. 让他们把冲动的想法说出来。在这种情况下，对方所说的话主要是由情绪驱动的，和膝跳反射一样，是一种本能反应。在他们表达欲望强烈、必须即刻一吐为快的时候，他们是不会听你讲话的。这好比你无法把水倒进已经装满水的杯子里一样。所以，不妨先让他们把想法倾吐出来。

一旦他们说完，你应立即接过刚才停下的话题，既不用回应他们刚才的评论，也不要偏离原来的主题。重拾刚才的话题等于体面地暗示对方你刚才还没说完，同时也表明你决意要完整地传达所有的信息。

第二步：直呼其名

直呼其名，阻止他们打断你讲话。名字能够吸引人们的注意力。如果你用"嘿"或"听我说"来制止对方，他们可能会产生防御心理，或者不愿再听你讲。但如果直呼对方的名字，即便你的语气稍显强硬或严厉，他们也会保持倾听。

直呼对方的名字还可以有效阻止他人始终主导对话或讲话滔滔不绝。先用正常的音量清晰地叫出他们的名字，如果他们仍未停止，不妨提高音量，再次重复一遍。

第三步：纠正打断对话的行为

在这一步中，要坚定地维护自己的立场。表达时要使用第一人称，而非第二人称（例如，"你在打断我"或"请你不要打断我"）。你可以冷静而从容地说：

> »"我听不到你说的话，因为你一直在打断我。"
> »"我讲完之后再听你说。"
> »"我想听你说，但我需要先说完我的想法。"

这些回应非常奏效，不仅直截了当，还能让你立于不败之地。因为若对方再次打断你讲话，他们的不良行径就会格外引人注目、令人耻笑。这会让他们在旁人眼中成为只顾自己发言，不愿虚心倾听的人。而大多数人不想在大庭广众之下如此失礼。

多数情况下，上述三个步骤能有效阻止对方再次打断你讲话。通过允许对方第一次打断，冷静地直呼其名，并坚持自己的立场，你既不会失去自己的风度，又能维护自己的权威。

以下是你与同事亚历克斯的一段对话：

你："当前项目时间表的主要问题是——"

亚历克斯："听我说，我们一向都能顺利完成任务，对吧？别管什么时间表了，如果由我来决定，我们早就推进这个项目了，哪用得着等上面的指示……"

你保持沉默，让亚历克斯先把话说完，同时调整呼吸，保持平静。

亚历克斯接着说："……我明白我俩的意见未必总是一致，但我提供的东西都是非常有用的。"

你："当前项目时间表存在问题。它没有把新的预算批准考虑进去，可能会拖慢审批进度——"

亚历克斯再次打断你："不会的。我见过这种情况，真的。有这么一个——"

你："亚历克斯。"

亚历克斯愣了一下。

你："我听不清你在说什么，因为你一直在打断我。请先让我把话说完。"

亚历克斯点了点头，示意你继续发言。

这样做可以让你们的关系保持互相尊重。试想，如果在第一次被打断时，你恼怒地说："我还在说话呢！"那么你将在权力动态[①]中失去主

[①] 权力动态（the power dynamic）：在人际关系或社会互动中，不同个体或群体之间权力的分配和流动。这个概念描述了谁在特定关系或情境中拥有更多的影响力、控制力或权威。——译者注

导地位，因为，此刻你是看起来情绪失控、急不可耐的那一方。或者你嘲讽对方，比如，"我说的半截话妨碍您发表高论了？"这虽然听起来很解气，但实际上有损你的威信，还可能导致对方不再乐意倾听你说话。因此，要坚定自信地阻止对方打断你讲话，同时又不失分寸并且保持威严。

以更好的方式表达异议

在表达异议时，坚定自信的措辞发挥着至关重要的作用。而表达异议正是为自己争取权益的表现。在表达异议时，你给人留下的印象究竟是坚定自信，还是缺乏安全感，这完全取决于你说话的内容和表达方式。简单粗暴地否定对方固然很容易（比如说，"才不是呢！"或"不对！"），但要获得好的效果远非易事。

在处理分歧时，可以回顾本书的核心主题：在赢得争论的同时，往往也会失去更多。在表达异议时，你不是非要亮出底牌、一争高下。表达异议的目的在于维护自己的立场，而非阻止对方发言、压制对方。

以下是一些高级技巧，可以用来提升你的表达能力，使你坚守自己的立场，甚至可以助你不战而胜。下次当你需要表达异议时，可以尝试运用这些技巧。

想想"值得吗"，以此过滤争议的话题

有时，你感觉对方在故意找茬，一心想把你卷入争论的旋涡，因此通过歪曲、颠倒、反驳你说的每一句话来强迫你同意他们的观点。这类事情俯拾皆是，无论是与政治、宗教相关的大事，还是如何叠毛巾这种

琐事（好吧，叠毛巾其实不算）。化解的关键在于，别让他们把你逼到墙角，令你感到无路可退、无可奈何。

在事情变得不可收拾之前，迅速思考一下"**值得吗**"，记得询问对方："这事我们非要达成共识吗？"

例如：

> » 你的伴侣："我想把洗衣液换成电视广告里推荐的那款，你觉得怎么样？"
> » 你："我不太想换，我还是喜欢用原来的那款。"
> » 你的伴侣："可是那个牌子的洗衣液更环保呢。"
> » 你："我懂你意思，但我不太确定它的效果是不是更好。"
> » 你的伴侣："为什么凡事都得以你的意见为先呀？"
> » 你："这事我们必须要统一意见吗？"
> » 你的伴侣："也不是非要统一，我想你说得对。"

你在提醒对方重新评估这事的重要性。这个技巧对处理 99% 无意义的争论都尤为奏效。如果你因为日常琐事或不太可能发生的事情与他人产生分歧，可以用"**值得吗**"这个提问来"过滤"一下话题。

对方当然希望你同意他们的观点。但你就必须同意吗？大多数情况下，答案是否定的。

但如果对方回答"是"，那么请使用下一个"过滤"话题的标准："这是我们**现在**就必须达成共识的事情吗？"例如：

> 你："这事我们必须要统一意见吗？"
> 你的伴侣："对呀，我觉得我们应该达成共识。"

你："那这事我们必须现在就统一意见吗？"

你的伴侣："哦，也不用非得现在就统一意见。我们可以先尝试一下，然后再做决定。"

这个问题提示对方评估对话的时机。在亲密关系中，双方常常为永远不会发生的事情而争得面红耳赤，围绕"如果"或"假设"的问题争得不可开交。问对方是否真的需要此刻达成一致，往往能延迟决策时间，可以让双方掌握更多有效的信息，或是等双方准备好之后再讨论这个问题。通过推迟讨论，可以快速缓解争议，并将焦点放在当下真正重要的事情上。

选择特定的视角表达意见

"我不同意"是一种直接的表达方式，但在很多情况下，这种方式太过直接，会让你陷入你来我往的争执中，加剧双方的矛盾，其实这完全没必要。当你说出"我不同意"时，对方可能会误解为"你错了"，进而触发关于社会评价或个人能力方面的应激反应。

有些观点是明显错误的，比如，他们想说服你天空是绿色的。但这不是我想讨论的，我想讨论的重点是，"我不同意"这个回答虽然直截了当，但会给你带来更多的问题。它会让对方受到打击，产生防御心理。即使你说"我是怀着**尊重**的态度反对"，也并没有尊重可言，因为对方能感受到你的真意。

相反，我们应该选择能够表明自己观点的措辞，而不要一票否决。也就是说，可以从特定的视角来表达观点，而不是简单地加以否定。这种策略可以为交流创造空间，而不是制造矛盾。关于如何以特定的视角表达观点，你可以尝试以下三种说法：

1."我有不同的观点。"

上述回应把对话框架设定为观点差异，仿佛在告诉对方，你坐在房间的这个位置，看到的是不同角度的画面。就像调节镜头的焦距，在缩小图像的同时，视野也宽阔了。对比一下"你错了"和"从我的角度来看，我看到的东西和你不同"之间的区别。通过提供不同的视角，你侧重于分享个人的感受，而不是争论是非曲直。这种回应方式在以下几种情况中尤为适用：

> » 对方试图推行一刀切的解决方案。
> » 你需要引入更加利于细致观察的视角或补充背景信息。
> » 他们忽视了某些方面的问题，看待问题不够全面。

2."我采用的是另一种方法。"

这一回应表明，虽然彼此方法各异，但我们的目标一致。你会获得相同的效果，只是在用不同的方法开展工作。如同旅途中既有直达路线，也有风景环线，两者各有千秋，但最终都能到达目的地。这种回应方式的高明之处在于，双方都将关注点放在共同的目标上，强调合作，拒绝冲突。无论是为了家庭、公司还是国家，大家都希望取得最好的结果，只是采取的方法不同。这种回应方式适用于以下几种情况：

> » 你们对实现共同目标的"最佳"方式存在分歧。

» 对方的方法或计划缺乏对其他因素的考虑。

» 对方固执于用某种特定的方式做事。

3. "我倾向于采取相反的方法。"

根据历史事件和经验，你可以找到一处锚点 ① 或依据来阐述你的观点。相较于直接说"我不同意"来挑战对方，这种回应乃基于你一贯的行为、偏好方式或你倾向的思维方法，因此不会显得针锋相对。陈述惯常行为比起断然拒绝更容易让人接受。这种回应方式更适合在以下情况中运用：

» 对方的立场与你的价值观有所冲突。

» 在某个项目上，你想讲述一下自己的经验。

» 根据已有的材料，你得出了不同的结论。

以恰当的方式表达异议，能够显示出你是个较常人更为冷静且自控能力强的人。上述回应可以让对话得以继续，不会陷入僵局。但是，如果对方固执己见怎么办？你可以在合适的时机重复这三句话，对方自然会明白：你是一个立场坚定、不易动摇的人。

---

① 锚点（anchoring point）：在决策过程中起到关键作用的初始参考点，它深刻影响着人们的思考和选择。——译者注

面对固执己见的人，你不必迎合他们的把戏。别让缺乏诚意的道歉、反复的打断和争执破坏你的信心。坚守你的立场，用坚定自信的语气表达，别让对方从你身上获得快感（多巴胺），这样你就能始终掌握主动权。

本章小结 SUMMARY

- 坚持自己的立场，为自己发声，是自尊自爱的表现。

- 回应对自己有伤害或冒犯的评论时，关键在于不要让对方从你身上获得快感（多巴胺）。

- 不要给予对方即时反馈以满足他们的多巴胺需求，而是采用延迟回应的方法，比如，长停顿、缓慢重复他们的话，或直接质问他们的意图。

- 面对缺乏诚意的道歉、无礼打断以及故意找茬，要坚守自己的立场，明确指出对方的这些不当行为，并用简洁有力的语言进行回应。

- 沟通时，拒绝迁就具有不良沟通习惯的人，这既能保持你的优势地位，又能维护个人威信。

设立自己的边界

第九章

这点无须通过冗长的故事来说明。

我们都知道，拒绝他人并非易事。

年少时，我们对说"不"字并无太多顾虑，但随着年龄增长，我们逐渐意识到，说"不"需要付出代价。对同龄人说"不"会被排斥；对父母或老师说"不"会被惩罚或训斥；对某些活动说"不"会让人担忧自己在他人眼中是个不合群的人。

于是，我们默默接受、做出妥协。为了迎合他人，维护表面的和谐，我们牺牲了自己内心的平静。我们认为别人的舒适和想法比自己的幸福重要，因而常常忽略了自己内心的真正需求。久而久之，这就成为一种循环的模式：过度承担 —— 感到压力 —— 心生怨恨 —— 重复上述过程。

学会说"不"，不仅能让你夺回尊重自身需求的决定权，而且会让你重新发现孩童般的自由，即无所畏惧地做出选择。

你可以重新学会优先考虑自己的福祉，以既尊重自己也尊重周围世界的方式自由表达，这些都是完全正常的需求。当你学会这样考虑之后，你会发现自己变得更加健康、快乐、真实。

让我们从小事做起。我会在背后支持你。

"叮"。在你的电脑屏幕的右下方弹出一条同事发来的消息。

"嘿！明天一起去那家新开的咖啡馆喝杯咖啡吧？我需要补充一下咖啡因，哈哈。"

唉，你心里的第一反应是想要拒绝。这并不是因为你不喜欢这位同事，恰恰相反，对方其实人还挺不错，不过，你并没有把对方当作生活中的朋友，在你眼中，对方只是工作伙伴、一个常打交道的熟人而已。况且你还有很多事情要处理，真的不想在闲聊上浪费时间，哪怕只要一个小时。

这时，你面临以下三个选择：

A. 接受邀请

B. 拒绝邀请

C. 忽略邀请

很明显，你想选 C。而且，我敢打赌你甚至都没有点开这条信息，而是直接就把聊天窗口最小化了。

虽然，置之不理或许有效，但你很难自圆其说。你多次忽视对方发来的消息后，对方会察觉到你在回避，甚至还会揣测你回避的原因。毫无疑问，他们能想到的原因肯定比你的真实想法还要糟糕。或许你还想等明天在办公室见到同事，再发条信息向他们解释："不好意思！我没看到信息！真可惜，我很想参加来着。"但想想看，这种借口你能用多少回呢？这对人对己能说是一种尊重吗？

还有一个理由能够说明忽略不是万全之策：这件未决之事仍然会耗费你的心神。每当你看到那条未读的信息，都会感受到事情悬而未决带来的压力感（无论这种压力感多么微不足道）。忽略它并不能让它消失，只会拖延你决策的时间，并且必定会引发后续的对话。同事会再次询问你何时有空，你再次面临进退两难的情况。如图 9-1 所示，这样做只会让你花在这件事上的时间成本和感受到的压力同时增加。

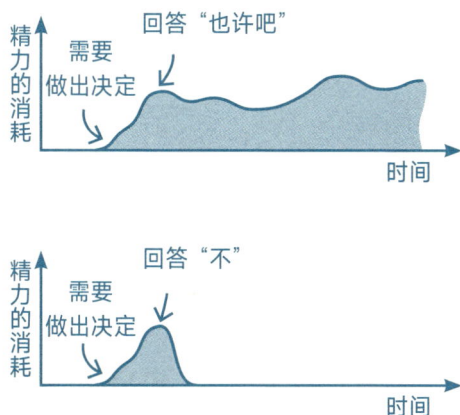

图 9-1　不同的回复方式会让人付出不同的精力消耗

当你遇到不想赴约的情况，比如，与你讨厌的那对夫妇共进晚餐，或是你想待在家中却被对方邀请外出，又或是被邀请去参加某个你不感兴趣的短途旅行，这些时候你其实不是在和对方协商，你是在和自己进行协商。

你内心的平静是不容妥协的，哪怕对你自己也是如此。在这种情况下，自信意味着你可以遵循自己的心意选择是否接受邀请。

面对同事的邀请信息，你会如何委婉拒绝呢？我猜你可能会想到这样的措辞：

"嘿！感谢你邀请我，但我实在去不了。现在太忙了，真抱歉！"

你对这样的回应感觉如何？是否令对方感觉足够真诚、自然？很可能并非如此。

以下是另一种应对方法。如果你已经读过第七章，就会明白你应该

直接回复,避免不必要的道歉和非自愿的解释(如图 9-1 所示)。删掉这些,那么上述回答会变成这样:

"感谢你邀请我,但我实在去不了。"

这句话分为两个部分,首先是感谢(感谢你邀请我),然后是拒绝(但我实在去不了)。然而,这种先说感谢然后再拒绝的顺序,往往使人忍不住想在句末加上理由或借口。例如,"谢谢你的邀请,但是我去不了……**因为**我有个事情要去处理,我太忙了,还有……"

此外,这种表达方式还会让对方误以为你期待他们询问缘由,或对你表示关心,例如,"哦,真遗憾,为什么不能来呢?"或者"怎么回事呢?"最大的问题在于,在这种语境下,你需要用"但是"这个转折词。例如,"谢谢你,但是……"这个"但是"抵消了你之前所表达的感谢之情。

其实还有更好的方法。如果你需要在婉拒邀请或回绝社交活动这件事上建立自信,请尝试以下三个步骤:

第一步:说"不"。

» 我不能。

» 我做不到。

» 我只得拒绝 / 我只能放弃。

» 我对自己承诺过……

第二步:表达感激之情。

» 谢谢你邀请我 / 想到我。

» 你真热心 / 这对我来说意义重大。

» 感谢你来问我的意见。

» 我感到受宠若惊 / 我感到荣幸。

第三步：展现善意。

» 听起来安排得很精彩！

» 希望一切顺利！/我相信一定会很棒！

» 我听说过很多关于……的好评。

» 祝愿你取得成功！

按照这样的顺序表达会更容易让人接受，原因如下：

首先，你直截了当地表达了"不"的意愿，这种不绕弯子的做法本身就是一种善意。

其次，用感激和好意来缓冲你的拒绝，既承认了对方行为的价值，又回馈了对方的热情周到。而且，先说"不"，再表现出善意，你就无须使用"但是"这个转折词了。

再次，以一句善意的话语作为结尾，愉快地结束对话，这样对方不会再追问"为什么呢"，而是回应"谢谢"或"我们会想念你的"。用短信等方式进行书面沟通时，你还可以在适当的地方使用表情符号表示感谢，帮助对方更好地了解你的情绪。

那么，再回到我们假设的电脑屏幕前，看看面对同事邀请你去喝咖啡该如何处理。与其删除信息或已读不回，你可以这样回复：

"我去不了。感谢你的邀请！我听说那家店的口碑很好！"

像这样简洁而自信的回复很少会引起对方的反感或抵触，比尴尬地回复"谢谢你的邀请，但我不能去"的效果要好得多。

严肃提醒：如果对方要求你给出解释或理由，请不要妥协。除非对方是你深爱的、非常信赖的、可以百分之百坦诚相待的人，否则无须过多解释。如果你觉得需要回复，再次明确拒绝即可。例如，对于喝咖啡的邀请，如果同事追问："为什么不去呢？"你可以简单地重复："我不能去。"此时的冷淡并非无礼，而是你无须为自己做出的选择强行辩解。

"不"就是你唯一需要告知对方的理由。"不"本身已代表一个完整的意思。

要接纳失望的感觉，克服对它的焦虑并泰然处之。在重新唤起个人需求和追求自由的过程中，你需要保持自信。你要明白一件事，你觉得自己令别人失望，但这种感觉98%来自自我意识，剩下的2%才是对方的真实感受。换言之，你所感知的大部分失望，都源于你过分看重自己的存在感，以至于你认为只要说出"不"，对方就会接受不了。而且你还觉得对方的快乐缺你不可，对方不能承受没有你的生活。

事实上，你我并没有那么重要。深吸一口气，按你原定的计划继续前进。如果你维护自己利益的行为会让某人失望的话，这往往意味着，你做了件正确的事情。

那么，当遇到更为棘手的情况，例如，对方发表冒犯性的评论或提问，或是居心不良企图操控你，或是向你提出过分要求，这些时候你该怎么办呢？

你该如何拒绝呢？

如何设定边界

在谈及自我尊重或个人尊严时，你或许对边界一词并不陌生。虽然是个老话题，但运用语言有效地设定边界是有技巧的。不仅要明确设置自己的限度，还要坚定自信地向别人传达该信息。拒绝邀请可能只需关上门，但坚定自信地表明边界更像是在建造一座被护城河环绕的堡垒。

确定界线

　　谈及个人边界时，人们常以"画一条线"或"越过一条线"来描述，但这种说法略显片面。边界并非一条简单的线，而是一个区域的界线。你可以把这个区域想象成一个圆形、矩形或是四周封闭的区域，正是边界的存在让它形成一个明确的、个人独有的范围。当你驾车经过一个社区或乡间小道时，你常常能看到围栏。这些围栏起着非常重要的作用，它们标志着这片区域归某人所有，围栏内是主人宝贵的财产。围栏不仅能阻挡外来者，还能从视觉上宣告这个区域的边界，警告他人哪些地方不可涉足。个人边界的作用原理与此相似。

　　首先，边界和个人的珍视之物息息相关。你设定的边界向外界传达了你的价值观，以及那些你内心深处珍视的东西，包括你的健康、家庭、事业、幸福或自尊等值得保护的部分。

　　比如，你心中的珍视之物或许是家庭，但这是**一种价值观**，并非一条边界。当你拒绝参加某个社交活动，只为不想错过哄孩子睡觉的时光时，这才是在向外界表明你的边界所在。此外，当你放弃一份工作，只因它需要你与伴侣长久分离时，这种行为亦是那道显著标示了你边界所在的围栏。

　　再比如，你的珍视之物是心理健康。你或许会拒绝参加家庭聚会，因为它总是让你感到沮丧；或者你决定离开某个朋友，因为他总是在消耗你的情感能量。在这种情况下，其他人自然而然地会注意到你正在筑起的这道"防线"。

　　你的行为和选择为你的珍视之物设定了边界。正是通过这些行为和选择，你向他人宣示了你的珍视之物。只有当你有意识地做出抉择，警示**他人不许入侵**时，家庭的重要性或心理健康的价值才会形成你的边界，成为你自尊的守护人是建立自信的一部分。你需要明确告诉他人哪些行为是可以接受的、哪些是不可接受的。

设立边界的益处数不胜数，它是构筑健康人际关系、促进真诚沟通和维护自我尊严的基石。通过设立边界，你不仅可以保护自己的情感和心理健康，还能促使他人理解并尊重你的需求和底线。通过设立边界，还能防止你过度消耗精力和积攒怨恨，确保你不会透支自己，而是把时间和精力用于真正重要的事情上。设立边界能使你的选择、价值观、优先事项三者保持一致，从而维护你的自由和自主性。此外，设立边界还是一种自我关怀的形式——边界的设置意味着你会竭尽全力维护自己内心的平和。当你对设立边界这件事越来越得心应手时，你会发现你对生活有了更深层次的掌控力，能够以更加坚定自信的态度进行人际交往，从而建立自信。

了解你的"操作指南"

我想请你在回忆中搜索一个某人用贬低的语气跟你说话的场景，例如，与前任争吵，与上司争论，某次你感觉被人摆布、不由自主……而你没有设立任何边界来保护自己。

请仔细回想当时的感受。我敢肯定你体会不到强烈的掌控感。你会感觉被逼入绝境，无力反击，疲于应付；好像有人剥夺了你的自主权，手握控制你情绪的遥控器。对方只要轻轻一按，就能随意切换频道，让你眼睁睁地看着自己的悲剧上演。

鉴于此，你需要转变思维方式，主动为对方提供一份"操作指南"，而不是将你的情绪遥控器拱手让人，任由他们肆意操控。你可以列出一个自动拒收的清单，表明你的边界，详细指导对方如何与你互动。这就好比在玩一款新的纸牌游戏，大家都要按你提供的规则和指引来玩。感受一下这两种情况的区别：

> 对方持有遥控器时，你喊道："别再对我大喊大叫！"
> 你来提供"操作指南"时，你说："我不会回应你的大喊大叫。"

> 对方持有遥控器时，你喊道："你不能这样和我说话！"
> 你来提供"操作指南"时，你说："我不接受你这样的说话方式。"

前一种情况如同在说"**我无法控制他人**"，而后一种情况则表明"**我可以控制我自己**"。

这份"操作指南"既是为对方准备的，也是为你自己准备的。它引导你思考一个值得探讨的问题：你是否知道自己的"操作指南"到底需要包括哪些内容？你也许对此并不十分清楚，但如果连你自己都不了解，又怎能期望别人了解呢？你可以制作一个流水清单、一本指导手册，用来指引你在下次对话中进行有效的沟通。请用完整的句子将它们写下来，设计成你个人的"操作指南"。你需要明确哪些事情自己会直接拒绝，以及哪些事情不容越界，例如：

> »"我对无礼之举不予回应。"
> »"我的感受不用别人来告知，更不由他们来决定。"
> »"在未做好准备之前，我拒绝进行任何对话。"
> »"我不会忽视自己的直觉，不会认为它无关紧要。"

» "我不会为了迎合他人而牺牲自己内心的平和。"

» "我不会参与造谣或诋毁他人的行为。"

把这些句子写下来，你的感觉会更加笃定。有了"操作指南"，当有人侮辱、阻拦或诱导你时，你会更加自信地坚守自己的立场。下次有人说"你根本不在乎我的意见，你只关心自己"时，你就可以从容不迫地回答："这是我自己的感觉，应该由我来决定。"因此，你是在建立一套维护自身权益的程序，用来摆脱他人对你情绪的影响。

维护你的边界

一旦清楚了自己的核心价值，并且已经熟悉自己的"操作指南"，你就该着手来维护自己的边界了。你不但要明确告知对方你的底线所在，更要告诫他们不可越界。以下这些指导原则，可以帮助你坚定地维护自己的边界。

1. 表明自己的边界

运用第八章中所学的以"我"开头的陈述方式，表明你的边界。把"我"作为句子的主语，用来强调这是你的边界和选择。如果你已温习过前面的内容，那么这是最简单的部分了。依据你个人的价值观，你可以说：

» 我不接受你这样对待我。

» 我不在周末加班。

» 我不喝酒。

请记住，设定边界并不局限于说"**我不**"，你也可以采用其他方式，例如，转换话题的方向、重新设定焦点，以及明确告诉对方，你希望进行有建设性的对话。以下是一些成功的经验：

» **告诉对方你为什么在这里。**当对方提出无关紧要的问题，或试图分散注意力时，你需要把对话的焦点拉回到中心位置。这就是"存在意义边界"。

　　——"我在这里是因为你对我很重要。"

» **告诉对方你要讨论什么。**如果对方纠结于过去的问题，或对你的人品进行攻击，你需要把对话拉回到重点问题。这就是"目标边界"。

　　——"我在这里是想讨论你上周五对我说的话。"

» **告诉对方你不会妥协。**当对方说出过分的话，或试图激起你的负面情绪时，要坚守自己的立场。这就是"正直边界"。

　　——"我不会被你的想法所影响。"

一旦你表明了自己的边界，就等于画上了句号，无须对此加以辩解。此时，你已经把球发到了对方的场地，现在应由对方决定是否尊重你的边界。

2. 补充说明后果

如果对方明确表示不愿意尊重你的边界，你需要补充说明这样做的后果。这需要分两步完成。

» 第一步是设定前提："如果你继续……"
» 第二步是行动步骤："我将会……"

正如你在第七章中所学到的，先声明计划再坚决执行，这样可以增强你的自信。不过，在这里使用这种方法是为了维护自己的边界。

以下是添加了后果的边界：

» "我不能接受你这样对待我。如果你继续这样做，我会结束对话。"
» "我不在周末加班，如果您坚持要求我加班，我会另找其他工作来支持我承担家庭开支。"
» "我不喝酒。如果你继续强迫我，我会马上离开这里。"

3. 坚持到底

这个部分是最困难的。既然你补充说明了后果，就必须认真对待。坚守自己的立场就是告诉对方你的计划，然后付诸行动。这意味着，如果对方继续无视你的边界，你将果断地结束对话／另谋工作／马上离开，去找能尊重你的选择的朋友领导。这样的行为，表明你是一个言出必行的人。在这个过程中，你不能有丝毫的退缩。无论对方如何表达不满，你都不能放弃刚刚设定的边界，不能自食其言。坚持始终如一是非常关键的一步。

如何通过设定边界改变你的人际关系

当你开始建立并维护个人边界时，你需要知道，并非所有人都能接受这种改变，有些人甚至会反感这一行为。尽管如此，他们仍会因此而尊重你。

边界可以帮你筛除身边的一部分人，筛除那些不看重你个人品质，而只想利用你的人。即使是很亲近的朋友甚至家人，总会有人偏爱那个没有边界的你。边界可以帮助你观察和甄别到底谁真正站在你这边、谁是你真正的朋友。那些真心爱你的人，会全力支持你设立边界；那些只向你索取的人，则会极力反对你这样做。批评你设定边界的那些人，不过是在对失去特权表示不满，就像他们已经习惯了插队，而现在不得不排队等待一样。

他们对你设定的边界感到不适，这并不代表你的边界有问题，而恰恰表明边界正在发挥它的作用。

记住这一点，"我**不必**迎合你的逻辑。我的边界不是为了取悦你，而是为了我自己。"

或许有些人一时无法理解你的改变，但这无妨，给他们一些时间去适应便是。这正是考验和调整人际关系的时候。

但请注意，边界不宜设定得过多。过多的边界可能导致你无法履行自己的职责，比如，拒绝基本的合作或合理的请求。边界也不是万能借口，它不能掩护你的不当行为，也不能免除你的义务。设定过多的边界可能会适得其反，因此，请坚持为你生活中真正的珍视之物圈出边界。

边界是你幸福的守护者。它能让你把纳入边界的事情做得更好，把你不需要的事情阻挡在外。因此，要确保你的这位"守护者"英勇无畏且引人注目。想一想那个你需要与之交谈的人。你需要设立哪些边界？

你需要设定哪些后果？你会如何坚持到底？

当你花时间思考这些问题后，你会把更多的精力投入到那些让你感到充实、愉悦的关系之中，而远离那些令你感到空虚、消耗你心力的关系。

本章小结 SUMMARY

- "不"本身已代表完整的意思。

- 通过学会接受结果，你可以克服对说"不"的恐惧。对让他人失望这件事泰然处之，相信他们处理情绪的能力比你想象中的更强。

- 你的行动和选择决定了你所珍视之物的边界。如果你想知道某人重视什么，就去看看他的边界设在哪里。

- 向别人提供一份与你沟通的"操作指南"，而不是把控制权完全交给对方。你要明确告诉他们，哪些事情是你可以接受的，哪些是不能越界的。

- 如果你的边界让他人感到不适，这并不是边界本身的问题；相反，这表明你的边界正在发挥作用。

规则三：

✓ 表达的目标是
建立人际联结

第十章

对话的框架

记得妈妈第一次带我开学季购物时，我想买一双新网球鞋。我们走进帕克代尔购物中心[①]，穿过美食广场，在拐角看到一个大商铺。当霓虹灯上的富乐客[②]几个字映入眼帘时，我一下子欢呼雀跃。我计划购买的鞋子是这样的：缓冲性要好，这样我才能跳得更高；要比较轻便，这样我才能跑得更快；当然，还要看起来非常酷。

我们走进商店时，我惊呆了。那里的鞋子数不胜数，看起来每一双都能让我跳得更高、跑得更快，而且它们看起来都非常酷。

可怜的妈妈。我几乎要把她和那位耐心的店员逼疯了，因为我要试穿每一款不同的鞋子。每次试穿时，妈妈都会用拇指按一下我的大脚趾，检查鞋子是否合脚。接着，她还会让我走到商店的另一边，再走回来（每

[①] 帕克代尔购物中心（Parkdale Mall）：美国得克萨斯州博蒙特（Beaumont）市的一处购物中心。——译者注

[②] 富乐客（Foot Locker）：一个全球知名的美国运动鞋服零售商，销售很多国际知名品牌的产品。——译者注

个妈妈都会这样做吗？）。这么多的选择，实在太令人崩溃了。我在里面挑选了很长时间。

最后，妈妈实在忍无可忍了。她走到墙边，拿起两双不同款式的鞋子，转过身对我说："选一双吧。"

"啊，什么？那其他的鞋子呢？"我问道。

"不行，"她摇了摇头，用目光催促我，"快选吧。"

就这样，我选了我的第一双耐克 Shox 运动鞋，这也正是我试穿的第一双鞋。

我的妈妈真是聪明绝顶，她知道，减少选项会带来更好的结果。

对话也是如此。如果没有设定对话目标，会让人感觉你说话不着边际；若目标过多，仍然让人感觉你说话不着边际。这里我所说的对话，不是指日常闲聊或和朋友、同事之间的简短对话，也不是指每天晚上和伴侣的闲谈夜话。我所指的对话，需要达到特定的目标 —— 建立人际联结。当你对对话可能发展的方向进行限制，你实则是在帮助双方更顺利地建立人际联结、实现相互理解。

我不能保证这个策略像我选的鞋子一样，能让你跳得更高、跑得更快。

但是，我可以向你保证，它确实行之有效。

什么是对话框架？

为了与某人建立明确的人际联结，你需要为对话框定一个框架。就像画框为画作框定了边界因而增强了效果一样，对话框架不但可以防止内容脱离主题，而且能让双方更好地关注对话主题。

设定框架可以减少对方面临的选项，使讨论的焦点更加集中。有了框架，双方就不会再对交谈的目的、内容或要达成的结论感到困惑。有了框架，你明确地表达了自己的需求和期望，从而与对方建立了一种"同频共振"的思维方式。这就像是你们在共同演奏一首乐曲，而彼此都十分熟悉这首曲子的旋律、音符和节拍。

同时，你还需要明确指出，与主题无关或无关紧要的问题不在此次对话的框架之内。由于你已经通过框架设定了"剧本"，因此你的对话不会轻易偏离主题。

如果没有边界，争论时就会东拉西扯、无法聚焦 —— 正如我当初在鞋店寻找那双完美的新鞋一样；而且争论的话题会不断从一个跳到另一个，重叠赘述，甚至离题万里。这就是为什么一场争论从某个话题开始，最后却常常变为讨论另外一个完全不同的内容。如果你的主题变得松散、无序，那么框架的作用就是赶羊归圈的牧羊犬。

当讨论缺乏框架时，可能会产生许多不利的后果，例如：

» 对话时间会因为话题没有限制而无限延长。
» 谈的内容越多，你的话就越容易被曲解、混淆和误会。
» 对话结束后，你会感觉事情毫无进展，甚至还倒退了一些。

缺乏明确方向的对话注定会让人不知所云。有些开场白说得含糊不清，例如，"嘿，我们能聊聊吗？记得几个月前……"或"我有些事要告诉你。可能不是什么大事，但……"这些话非但对建立人际连接没有帮助，而且会带来害处，因为它漫无目的地开启了对话。

很多时候，你开始发言后才逐渐理清自己想表达的内容。这就好比驾驶飞机，你可能擅长起飞，却不懂降落，正如你擅长开启话题，却不知道如何妥善结束。所以，你磕磕巴巴、兜兜转转半天才找到自己想要表达的观点。你的独白长达十分钟，直到快要结束时，你才草草归纳，"我刚才说这么多，就是为了……"

然而，为时已晚，你已经错失了建立人际联结的良机。

主题和内容越多，谈话就越啰唆，越难以取得进展。如果谈话之初就缺乏清晰的框架或目标，对话很快就会让对方感觉疲惫不堪。阐述观点所需的时间越长，对方的注意力削弱得越多，最终他们完全失去倾听你说话的兴趣。

如果对方在对话中提出以下问题，很可能是因为你没有设定清晰的框架：

» "所以说，你不想去参加聚会，对吧？"（其实你想去）

» "你的观点是什么呢？"（你自认为已经表达清楚了）

» "你希望我做什么呢？"（你并未要求对方采取任何行动）

面对这些问题，你不免心生埋怨，比如，"我早说过了！"或者"你根本没认真听我说！"但你更需要扪心自问：我说话是否言简意赅？我的观点是否清晰明了？我有没有让听众不得要领，像在干草堆里找一根针那样茫然无措？

对边界的表达模糊不清时，对方听你说话就像侦探办案一样费神。他们听你东拉西扯、拐弯抹角，却始终听不明白你用意何在。至于话题因何而起，你的真实意图是什么，乃至行动要求等，对方更是无从得知。种种疑问逐渐累积，将会触动对方最糟糕的心理触发器——对未知的恐惧。

这种恐惧会在对话中引发焦虑，对那些遇事喜欢往坏处想的人来说尤其如此。同时，损失焦虑也会成为情绪触发器，让对方担心自己是否做错了，或者误以为你想结束这段关系。

焦虑促使对方快速进入了点燃阶段，引发其情绪反应过度，甚至还可能会突然爆发，大声喊道："我根本不知道你到底想干什么！"你也不得不关注对方的情绪："你怎么生气了？我只是想和你谈谈！"

这些问题的根源在于没有明确的边界。假如对方不清楚你的用意，他们只会感到茫然无助，不知话题该如何结束；或者总在担心有对自己不利的决定。在双方缺乏理解和彼此认可的情况下，建立人际联结更是无从谈起。

此外，你还需要谨记哪些行为其实不属于设定边界。比如，设定框架并不代表：

» 对话完全由你主导，不容许对方表达观点或提出疑虑。
» 不接纳反对意见，或不允许对方为自己辩解。
» 你的边界对另一方必定是公平的。
» 为了方便自己而任意脱离框架。
» 只有你才可以畅所欲言。

你的对话框架不仅是为对方而设定，你自己也同样需要遵守。有了框架，对话双方才能够了解进度、理清目标，避免产生混乱。如果把设定框架比作绘制旅行地图，双方要一起从 A 点走到 B 点，你得先告诉对方目的地所在，并设法消除对方对能否顺利到达目的地的种种焦虑。

如何为对话构建框架

对话开始之初，要先设定框架。千万不要等到对方说了不中听的话，才想着要设定框架，此举有失公允。因此，对话框架应该从一开始就设定好。以下是设定框架的步骤，每个步骤均附有示例，以便你深入了解框架的具体内容。

第一步：明确谈话方向

首先，明确告诉对方你想讨论的内容。你的措辞应该与你的对话目标和价值观相匹配，例如：

> »"我想谈谈你昨天在会议上的发言。"
> »"我想找你谈一下薪资的问题。"
> »"我需要和你讨论一下周二下午的计划。"
> »"我想和你讨论一个关于我个人的问题。"

第二步：告知下一步的行动目标

其次，告诉对方，你希望这次对话取得什么样的效果。这是在规划预期的目标，并为其设定方向。详细阐述你希望在对话结束后收获的感受，表述要尽量具体。假定你要为"在谈话结束之后"这句话续上后半句，你可以说：

» "……我希望我们的工作关系能够更加稳固。"

» "……我希望即使分开,彼此仍能保持尊重。"

» "……我只是希望你能倾听我的意见,并不是要求你改正错误。"

» "……我想让你知道我仍然爱你,并希望我们能继续在一起。"

第三步:获得对方的承诺

以获得对方的赞同为目的来完成框架设定,例如:

» "你觉得这样可以吗?"

» "我们是否都同意刚才谈论的内容?"

» "你觉得以上内容是否可行?"

现在我们按照以上三个步骤实操一下。

想象你正和同事在办公室咖啡区的角落交谈。按照设定框架的三个步骤,你可以这样开启话题:

"谢谢你能来与我会面。我想和你简单聊一下今早会议中你提到的内容,希望通过这次谈话,我们能更好地理解这个问题的重要性和改进方式。你看可以吗?"

再看另外一个例子:

"感谢你抽出时间与我会面。我想和你讨论一下这个季度的市场表现预期,希望通过这次谈话,我们能理顺开展工作的优先次序。你看可以吗?"

如果涉及增进彼此关系,你还可以这样说:

"我想谈一下你昨晚的行为给我带来的感受。没有评判对错的意思,我只是希望大家未来能更好地互相支持。我们可以聊一下吗？"

把界线定得如此清晰、明确时，对方很少会拒绝你。

这种表达结构正是利用了框架的特性，界定了哪些内容被包括在讨论框架内、哪些内容被排除在外，这样做既能突出核心话题，又摒弃了讨论范围以外的内容。

此外，框架的存在也向对方表明，这次谈话会有一个明确的终点。而且，确定讨论范围还可以增强倾听效果，因为对方无须理会框架以外的内容（如图 10-1 所示）。因此，设定框架最终能够加强发起方和接收方之间的联系。

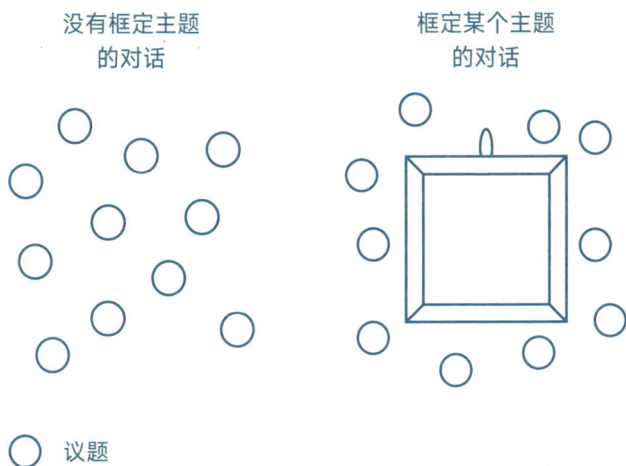

没有框定主题
的对话

框定某个主题
的对话

○ 议题

图 10-1　未框定主题的对话与框定主题的对话

一个框架，一个主题

"各位同事，今天我们要讨论的议题比较多。"会议开始，你的老板说道。

一听这话，所有人马上唉声叹气，甚至翻起了白眼。为什么呢？因为这个开场白预示着，会议涉及很多议题，势必会分散大家的注意力，导致整体内容分散、冗长累赘，让人无所适从。哪怕有再详细的议程安排表，会议的效率和参与度也会大打折扣。

你想："唉，发电子邮件就行了，开会真是浪费时间。"你心里很清楚，由于议题太多，大家无法兼顾，起码不能深入讨论每个议题。你还知道，这场会议之后可能还会有更多的后续会议。至于会议能否产生明确的结果、行动方案或结论，你对此不甚乐观——大家都是为了开会而开会、为了谈话而谈话而已。此外，由于会议的信息过于零散，参会者们很难从中建立强有力的人际联结。

所以，这就是为什么设定讨论内容需要"一个框架，一个主题"。

如果老板开始就说"今天，我们将重点放在改进客户反馈流程上"，那么你会更加轻松地投入会议，会议目标也会更加清晰。这样具体的表述能让每个人的注意力都更加集中。

会议结束了，大家已对议题进行了充分的讨论。所有人都感觉心情畅快，因为会议富有成果、有意义，大家投入的时间是值得的。

"一个框架，一个主题"的原则，对于保持会议议题简单明了、会议流程按计划进行，起到了重要作用。采用单一框架的对话有以下两个优势：

» 它迫使你删繁就简，专注于需要精准传达的部分。

» 纵向拓展当前话题的空间，以便讨论时更加深思熟虑。

当你不再因频繁切换议题而分散精力时，你就有机会透过现象看清本质，有更多空间去探究细节，能够全面审视议题，并集思广益。"一个框架，一个主题"这个方法可以让参与者保持专注和投入，而无须在冗长的议程里分心考虑下一个议题。

在实际应用中，我们需要将某个议题宽泛的会议拆分为几个更加简洁、高效的微型会议。如果采用短信或邮件的方式，则每次只需针对单一问题向对应的决策人发送信息即可，无须在一条群发信息或邮件中包含多重主线或话题。

请记住，清晰是种善意。上述方法能让每个人的时间和认知资源①得到尊重，有助于建立更紧密的人际联结。

如何将谈话拉回正题

离题的情况并不鲜见。虽说没有谁存心捣乱，但谈话还是会不知不觉偏离你所设定的框架，有时纯粹是跑题了，有时则是被某个话题带偏了。当然，没有人应该为此受到指责，要明白，谈话也有其自然发展的过程。然而，如果严重离题影响了会议，那么用目标关键词来提醒对方，便是将谈话拉回正题的秘诀。

假设你们本来要讨论市场预算，却因为吐槽财务部的工作人员加里而偏离了主题，此时只需提及"市场"一词，便可将话题拉回正轨。当然，你也可以直接说："我们偏题了。"这种做法也不会招致别人反感。

---

① 认知资源（Cognitive Resources）：一个心理学和认知科学中的概念，指的是个体在进行思考、学习和解决问题时所依赖的心理能力和精神能量。这些资源包括但不限于注意力、记忆、处理速度、逻辑推理能力、决策能力等。——译者注

不过，有时候情况并非这么简单。敏感对话会迅速演变成人身攻击，或是有人开始翻出旧账，作为当前会议目标的反面例子。这种策略常常被人有意无意地用来转移焦点或抢占上风。遇到这种情况，关键在于要意识到对话已经偏离正轨，并设法将其拉回原先的框架之中。

下面我们分两种情况进行说明。

情境一，不利局面始作俑者是你，由于你言辞不当，致使情况恶化。对此，你需要迅速采取以下三个措施：

» 1. 为导致离题的言辞表示歉意。
- a. "对不起，我不应该那么说。"
- b. "对不起，我不该这么大声说话。"

» 2. 接着，指出这些话偏离了目标。
- a. "说那些并没有帮助。"
- b. "那样说并不公平。"
- c. "这违背了你的意愿。"

» 3. 立即继续离题之前的话题。

所以，连起来可以这样说："对不起，我不该这么大声说话。说那些话并没有帮助，也违背了你的意愿。我想知道怎样才能防止昨天的事情再次发生。"

情境二，对方在转移话题。这是一种常见的防御策略，如果不加以控制，对话很快就会演变成争论。假设你想讨论在朋友家因一时冲动而导致的不愉快事件。你已经定好框架，也得到了朋友的同意。但双方才谈了 15 分钟，朋友突然转移话题："哦，真的吗？你真的想这样处理吗？三周前你不也干了同样的事情吗？"

能说出这样的话通常表明说话者处于点燃阶段 —— 他们希望焦点从自己身上移开，所以，他们一般会做这两件事：

» 将关注点从他们自己转移到你身上。
» 提起你过去类似的行为，振振有词地反击"你也好不了多少"，试图形成"大家半斤八两"的局面。

遇到上述偏离框架的情况，关键在于控制自己，把点燃反应降至最低。为避免讨论逐步升温，你可以运用"对话式呼吸"技巧，冷静而克制地说：

» "我听到了你的意见。但我想先完成我们当前讨论的话题，之后如果有必要，再回头讨论你的意见。"
» "请先专心听我说完，需要时我们可以再来讨论这个问题。"
» "这问题确实值得讨论。不过，我们每次都应专心讨论一个问题。"

关键在于先接受对方的话，然后控制自己的反应，把关注点重新拉回原来的话题。不要直接驳斥对方的评论，例如说"这不是我们要讨论的重点"或者"你只是在转移话题而已"。这样说，无论你反映的是不是事实，都只会让冲突升级，除此之外别无益处。所以要记住：先接受对方的话，然后再控制自己的反应。

无论对话是复杂还是简单，设定框架都是促进沟通的利器。下次在会议讨论中，当你觉察到大家的发言开始偏离主题、会议毫无进展时，不妨尝试设定一个清晰的框架：选定一个核心议题，明确讨论的方向，确定共同目标，并得到对方的承诺。这样做，可以减少干扰和误解，增强专注力和彼此之间的人际联结，从而实现事半功倍的效果。此外，对方也会认为你是一个懂得尊重他人观点的人。

本章小结 SUMMARY

- 对话中涉及议题越多，效率就越低，成果也就越少。

- 保持对话围绕同一目标和方向展开，这样才能和对方建立人际联结。

- 在对话开始时先设定一个框架，可以避免偏离主题和引起误解。如果你希望将某人从 A 点引导到 B 点，你应该先把目的地告诉对方，并设法消除对方对终点情况的种种焦虑。

- 构建对话框架时，先告诉对方你想要讨论的内容；接着，告知对方你希望这次谈话结束后有何感受；最后，取得他们的承诺，一起朝着目标方向努力。

- 运用会话框架，可以减少误解、提高沟通成效。

第十一章

应对防御行为

"坦率地说，这是一个矢量力学的问题，没有受过视力训练的人几乎很难察觉。"对方请来的生物力学专家在证人席上这样解释道。

对方请这位专家来证明，被告的车辆以每小时 56 英里的速度撞到我的委托人的车辆后，不会对我的委托人造成身体伤害，顶多只是擦伤。

在交叉询问环节，我的职责是反驳他的观点。

专家讨厌我的提问，同样，我也不喜欢他的回答。

在庭审中，专家证词往往对案件的胜负起着决定性作用。之所以需要专家证词，是因为有些问题，只有在经过法律认可的权威人士证实后才能作为证词，例如，事故重建和法医分析。但专家们往往一开口就很难打住，因为他们喜欢凸显自己的智力优势。好的专家证词关联性强且易于理解，能够让法庭上的每一个人都茅塞顿开；而糟糕的专家则惯用专业术语来故弄玄虚。我在这次交叉询问中遇到的专家就属于后者。

"好的，先生。我明白您的意思了，"我答道，"现在我换个问法。"

我稍作停顿，继续问道："您是为那位撞了我委托人的被告作证，对吗？"

"对，就是驾车撞到涉事车辆的那位。"他回答道。

大家明白我问话的意图了吗？

"那个撞到我委托人的人需要用救护车送医吗？"我询问道。

"呃，我想是的，但不太确定。"他有点犹豫。

"是因为锁骨骨折才需要救护车吗？"我紧追不舍地问道。

他清了清嗓子，回答道："可能是吧。"

我进一步追问："你刚才向陪审团陈述，这场事故不可能导致我委托人的背部受伤、造成椎间盘突出，是吗？"

这个问题让他进退两难。一般遇到这种情况，陪审员会停止记录，凝神细听证人的回答。而这位专家原本可以回答："这样说不准确。我认为实际情况跟你说的有细微差别。"或这样回答更有利："我知道听起来好像有点矛盾，但事情并没你说的那么简单。"这样回答既能自圆其说，又显得更有说服力，因为他承认了自己的判断和我的论述存在差别，那么他可以利用这点进一步论证自己的观点。然而，陪审团听到的是：

"先生，"他扶了扶眼镜，坐直了身体，语气变得强硬起来，"你的这个问题，需要从物理学和人类生物学方面进行更深入的探讨，如果你能领会的话。"

这番话随即改变了法庭的气氛，陪审席上一阵骚动。一位上了年纪的女陪审员摇了摇头表示不满，自言自语说："天呐，没必要吧。"

这位专家在陪审团面前犯了大忌。他认为我的问题是在挑战他的专业能力，于是他做出了防御行为。然而效果适得其反，防御行为让他的可信度大大降低。在这个关键时刻，他非但没有把专业观点解释得更加通俗易懂，缩小与陪审团的理解差距，反而因为自负加深了彼此间的鸿沟。

尽管他的证词并没有因此而被完全推翻，但在陪审团心中的采信度已大打折扣，这对被告而言显然极为不利。在庭审中，每一份记录在案的证词都关系重大，而呈现证据的能力，其重要性不亚于证据本身，正可谓"成也萧何，败也萧何"。现在法庭上每个人都见证了这个结果：专家在防御心态下说出的话语，不仅对证词于事无补，甚至还会成为辩护方的一个明显的漏洞。

并非只有专家会如此，每个人其实都会产生防御行为。无论在法庭上还是在日常生活中，防御行为处处可见。因此，要意识到自己何时会出现防御行为，了解其成因和应对的办法，从而加以控制，这样才能增进他人对你的信赖。

防御行为因何会破坏联结

对话中，防御行为让人付出的代价最大。

表现出防御行为是点燃阶段最为明显的信号。你会关闭沟通的大门，举起防护的盾牌，露出攻击的尖刺，并且转过身去，戴上耳罩 —— 防御心理一旦被触发，就好像全身披上了盔甲。这是一种本能的压力反应，其表现形式多种多样。例如，你可能会感觉胃部缩紧、耳后肌肉绷紧，然后开始冷嘲热讽、使用冷暴力或者嬉皮笑脸地对待严肃话题。而在日常生活中，当你进入防御状态时，你往往会这样做：

» 打断别人说话："话虽如此，但你甚至没有……"

» 提高嗓门："你不是认真的吧！"

» 进行人身攻击："你真是个傻瓜。"

» 不等对方说完就反驳："哼。你根本不在乎。"

» 通过翻旧账来岔开话题："得了吧，你还记得那次……"

» 以偏概全："你从来不听我说话！"或"你总是这样！"

听起来很熟悉对吧？我敢肯定你们都听过。

现在再读一遍。这些句子有什么共同点？

没错，共同点就是"你"字。

当你竖起护盾时，"你"往往是脱口而出的第一个词；当你想要发泄内心不满时，"你"则是指你用食指对准的第一个人。

遇到事情，人们的第一反应往往是对外反击，而非自省。"是我说的，那又怎样？""是我做错了，那又怎样？""哦，你还说我？那你自己呢？"这种反应凸显了人类沟通的一个基本特征：厌恶被指出错误或缺陷。它会引发所有的心理触发器：

» 社会评价触发器：如果我错了，我会不会受到羞辱？他们会不会拒绝我？

» 个人身份触发器：如果我错了，以后大家是不是都不会再重视我？这是不是意味着我有某种缺陷？

» 损失焦虑触发器：如果我错了，他们会不会离我而去？我会不会名誉扫地？

防御行为会筑起高墙

人在感受到威胁时会提高警觉。此时情感会战胜理性分析能力，因为你在全心对抗或躲避他人的威胁。你内心十分抗拒这种威胁，想要屏蔽对方的声音，用手指堵住耳朵，不屑地唱着"啦啦啦"。你抗拒倾听对方，抗拒向对方学习，甚至抗拒和对方进行理性的沟通。

然而，当你面对别人的防御行为时，则气急败坏。无论你说什么、怎么说，对方就是不愿倾听。你绞尽脑汁想改变对方的观念，但往往都以失败告终，因为你越是努力证明对方是错的，他们就越坚信自己是对的。

所有人（也包括我自己）之所以拒绝倾听，首要原因是不适感。当我所说的和你的信念发生冲突，你会产生不适感。这种不适感被称为认知失调，即新信息和原有信念冲突时所产生的不愉快感受。不适感的来源很多，例如，参与激烈的辩论、阅读网络文章，甚至是听到某些歌词。由重大的社会或政治问题所引起的不适感更为常见，例如，那些候选人在竞选活动中讨论的话题。这就是人们往往固执地依赖某一新闻来源而排斥其他渠道的观点的原因。当然，日常小事也会引起不适感，比如，当你在餐厅里发现自己惯常点的菜已经被沽清，需要选择其他菜肴时；或者你听说有个新品牌的咖啡比你常喝的那款味道更好。变化总会令人感到不安，并触发心理反应机制。

要明白，我们的信念并非天生固有，而是源自我们所爱之人的情感联系和传承，源自那些塑造我们身份的珍贵记忆。因此，倘若我说你的某个信念是错误的，这不单否定了你个人，也否定了你的长辈或密友，否定了你从十岁以来积累的所有记忆。

你会竭尽所能避免这种不适感，乃至于拒绝倾听。在这种情况下，讲道理恐怕难以奏效。理据越充分并不代表接受度越高，相反，它会使你更不愿意妥协，因为你不仅要捍卫自己的立场，还要维护你的社会关系和个人形象。于是，你开始做出防御行为，以便袒护那些已然成为你身份认同的一部分的个体——这是你在第四章中学到的内容，个人身份认同威胁反应。因此，我对你态度越强硬，越试图将我的观点强加于你，你就越固执己见。

尽管你的这种防御行为是出于自我保护的自然反应机制，其结果往往得不偿失。一旦你在他人面前筑起心理防线，会带来以下两种情况：

» *妨碍他人理解你。*

» *封闭自己，拒绝理解他人。*

矛盾就在于此。你往往只会接受第二种情况的后果，却忽视第一种情况的后果。

这说明你可以放弃对自己的要求，却无法放弃对他人的期待（见图 11-1）。你不仅期待他人理解你，还希望他们迎合你，就好比你紧锁大门，却嗔怪对方过门而不入。我敢肯定你说过，也听别人说过类似的话："他们应该知道……"他们应该知道我不高兴，他们应该知道这会影响我。但说这些话的同一批人，在角色对调时却只会大声说："我又不会读心术！"

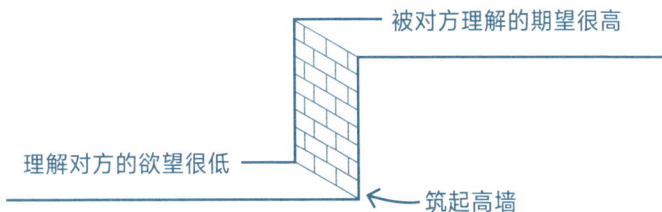

图 11-1 存在于心中的理解之墙

别自我安慰说这只是个别人的表现，这种现象其实很普遍。作为行人，你过马路时会想："汽车应该礼让行人，难道司机看不见我在过马路吗？"而作为司机，你在路口停下时却会想："看看这些行人，慢吞吞的，真以为马路是他们自己家的。前面这人走这么慢，肯定是故意的。难道他们看不见我的车正要过去吗？"这种想法的转变，说明你允许自己的同理心快速变化，却期望别人对你始终如一。

从专业角度来看，这种感觉的变化在心理学中被称为基本归因错误，它会影响你对他人的理解或判断。基本归因错误是指过度强调个人因素的影响，而忽视环境因素的影响。例如，你看到有人迟到，会归咎于他们懒惰、缺乏重视或内驱力等内在个性的因素，而忽略了交通拥堵、恶劣天气或事务繁忙等外部环境因素的影响。此外，如果有人从你面前经过时没和你打招呼，你会认为对方是在故意忽视你，而不会认为对方诸事缠身，没有工夫和你打招呼。

这就是使用"你"做主语时，容易带来的另一个主要问题——把事情过度个人化，导致你误认为对方的行为是针对你个人的，但事实并非如此。思考以下例子。假设你和你的配偶在厨房里谈话。

你："发生什么事了？看你一脸茫然的样子。"

配偶："我累坏了。今天要做的事情太多了，家里又乱糟糟的，最让我烦心的是还有这么多碗碟要洗。"

你："你在说我什么活都不干是吗？昨天的碗不也是我洗的吗？"

配偶："我不是这个意思。"

你："你就是这个意思。你觉得我在家里闲着什么也不干。事实上，收拾屋子的是我，操心大小事情的还是我。"

唉。你明白我的意思了吧？双方根本无法继续沟通。

当你在他人面前筑起心理防护墙后，你就不再关心自己是否理解对方，反而希望对方体谅你。你的配偶敞开心扉与你分享一天的经历，这本是双方沟通感情的良好契机，但你将之理解为对自己的指责。

还有一种情况容易引发争吵：对方用"好吧"或者"嗯"来回复你长篇大论的短信。

你的第一个反应可能是，"这是什么意思？'嗯'到底是好还是不够好呢？"

你可能会对此耿耿于怀。**"好吧"？他就只回复"好吧"，他对我就这么冷淡吗？**你不禁心想，这人太没礼貌了。你也许还会把这段对话发给其他人评理——"你看他是不是很没礼貌？"于是，你决定这么回复他：

"算了吧！我现在不需要你的回应了！"

沟通不良演变成了争吵。这场本可以避免的争吵，却让你花费了一整晚的时间。后来你终于弄清楚了，对方当时正在收银台旁忙着付款，想回复你自己看到了信息，于是匆忙发了个短信说"好吧"。

总认为事情是针对自己的话，会产生自证预言①。我们还是用上面的例子来说明原因：

» 你认为这个简短的回复没礼貌，感觉自己被忽视了。

» 这种感受触发了点燃阶段的情绪反应。

» 情绪反应促使你做出防御性回应。

» 该回应导致对方同样做出防御性的反击。

» 上述循环让你开始坚信：自己确实遭到了攻击。

---

① 自证预言（self-fulfilling prophecy）：一种在心理学上常见的现象，意指人会不自觉地按已知的预言来行事，最终令预言发生。——译者注

这种恶性循环在短信、电子邮件或即时聊天工具的文字交流中更为常见，因为这些场景无法体现语气上的细微差别。这正是确认偏误的一种表现，即你倾向于寻找那些支持自己想法的证据，排斥那些与之不符的信息。所以，一旦情绪被触发并占据了你的意识，你便开始有意助长这种情绪，而对解决办法视而不见。例如，当你抱怨某人忘记做某事时，你只会注意他们没做到的次数，而忽略其他。你会寻找负面信息而抗拒正面信息，以此提高你的防御能力。

如何停止防御行为

防御行为并非无解之题。

首先要明白，是否把事情个人化与宽容程度有关，即你在心存疑虑时是否更愿意相信对方。

他人的言行举止未必是在故意怠慢你。你对此越是看得开，越不会事事介意。这份不计个人得失的宽容，将会改变你与外界的互动方式。反之，如果你不愿相信他人的善意，就很难保持内心的平和。

如果你待人宽容，你会把事情往好处想：那位女服务员简短而冷淡地回答你，或许是因为她无法在六点准时下班，孩子得让姥姥继续照看，因而心烦意乱；前车司机开得很慢（在限速规定内），或许是司机因相伴53年的老伴上周刚刚离世而心情沉郁；经理发给你的邮件内容简短生硬，并不是故意针对你，而是因为她既要打理自己的生活，还要照顾刚从康复中心出来的哥哥，忙得焦头烂额。请记住，正和你交谈的人，并不仅是你表面所看见的那个人。当你把事情个人化，也就背负起了不属于你的负担。你要放下这份负担，应先假定别人是出于善意，除非你有充分的证据表明事实并非如此。

常怀同理心和善意，将从根本上改变你看待自己的方式。你会变得更加宽容自己的错误，不再苛责自己，最终成为一个令人更愉快的相处对象。

总把事情个人化，消极的预感就会应验；反之，若你待人宽容，积极的预感也会应验。

以下是一些温馨提醒：是时候掌控自己的发言权了，要意识到并非所有问题都必须有回应。别忘了，你可以决定别人的话对你是否重要，你可以决定他们所做的事情是否针对你个人，或者你可以决定他们说的话对你是否有分量或价值。其实别人口中的大部分言论都不值得记录，而你将其尽数记在心里，不知不觉间它们成了你沉甸甸的心理负担。

不要再让别人的话语成为你的负担，不必参与别人挑起的所有争论。

如果你热爱运动本身，那么不要仅因为对方向你投了球，就觉得自己必须挥棒，球飞了也没什么大不了的；同样，也不要因为对方把球发给你，你就必须击球过网，让它落地又何妨。没有哪条硬性规定，要求你必须回答对方的每一句话。

"我不得不说……"不，你完全可以不说。

没有什么是你必须要说的，只有什么是你想说的。真正的问题在于你是为何而说。是为了表达某个观点而说，还是只为让别人听见而说？

防御行为背后的责任感，意味着你意识到自己有指责他人的冲动，但还是选择了对内调整自己。我用"**选择**"这个说法，因为这正是它的本质，这是一种选择，是你自己做出的选择。

以下是一些防止自己产生防御行为的方法。

1. 意识到自己的防御心态。运用"对话式呼吸"（停顿九秒钟），防止条件反射式地开口说话。缓慢的呼吸会向身体传达信息：对方的言行没有构成威胁。

2. 不作回应。在停顿的这段时间内不作回应，想象对方的话语并没有传到你的耳中，而是落到了地上。忍住那份想要"接住"它们并"扔回去"的冲动。想象对方的话语掉落在地上能让你有机会去考虑这些话语是否值得捡起。如果你感到自己有防御的冲动，提醒自己："放下防备。"

3. 保持好奇心。将你的注意力由外部世界转向自己的内心世界，要善用分析能力。向自己提问，比如，对方的话因何而起？有什么动机？我有没有漏掉什么信息？要保持这种好奇心，使之成为习惯，去弄清对方诉求背后的来龙去脉。

控制好自己的防御心态之后，有三种方法可以用来防止对方产生防御行为。尽管这些方法并非万无一失，但确实有助于你消除隔阂。

以下是防止对方产生防御行为的方法。

1. 说话时以"我"开始，而不是"你"。说话时以"你"开始，会让对方马上自动进入防御状态。相反，以"我"开启对话，可以避免引发对方的防御行为，因为你正在立足于自己的感受，从自己的角度来表达，而不是在抱怨、责备对方。这也是一种更加坚定自信的沟通方式。

例如：

» 不要说："你老是看手机。"

试着说："我很享受我们不受手机干扰的相处时光。"

» 不要说："你不喜欢我。"

　　试着说："我感觉自己不受欢迎，因为我没有收到你的回应。"

» 不要说："你不能那样对我说话！"

　　试着说："我不会回应你的这种说法。"

2. 提问时避免以"为什么"开头。 用"为什么"来提问，常常给人一种控诉的感觉，暗含归咎、责备、批判的意味，会触发对方的自主性反应。假设你开车送朋友回家，走的路线和往常不一样。这时朋友皱着眉头问你："为什么要走这条路？"你本能地想反击："为什么？我想走就走，这就是理由。"而对于一直问"为什么"的孩子，你只想大声呵斥："因为我说了算！"其实错不在问题本身，而是你感觉对方问"为什么"是在质疑你。

　　为了避免误解，可以用"什么""什么时候"或者"怎么"来取代"为什么"。

» 不要说："你为什么没倒垃圾？"

　　试着说："我想知道，你打算什么时候倒垃圾？"

» 不要说："你为什么要那样做？"

　　试着说："我想知道，你怎么想到做这个决定的？"

» 不要说："为什么你就不能放松一点呢？"

　　试着说："是什么让你觉得难以放松？"

3. 先接受对方。 每个人内心深处都渴望被倾听。你用"虽然如此，但是……"来回复对方的观点，只会把事情搞砸，因为对方并未感受到来自你的认可。没有得到你的认可，对方必然不会接受你，而是关上心门,甚至筑起心墙。在表达观点之前,你需要先接受对方的感受或者思路,这样对方才会敞开心扉,乐于和你沟通。

例如:

» **告诉对方你认同的部分。**此时的认同,并不意味着你要全盘接纳对方的观点。你不必介意细节,而要从整体出发。你可以认同这次讨论是必要的,认同这个话题值得深入讨论,或者认同此时是做决定的良好时机。

- ——例如:"我认同你的看法,这个话题确实值得讨论。"

» **告诉对方你学到的内容。**在对话时,当你表示自己学到了一些东西时,对方会有一种自己在传道授业的感受。当你分享你从对话中学到的内容后,对方会觉得自己为对话做出了贡献,从而感觉你接受了他们的见解。

- ——例如:"我知道你非常重视这个议题。"

» **告诉对方他们对你很有帮助。**每个人都希望自己是个有用之人。承认他们对你有所帮助,他们会因此而更加坦诚、开放,从而放下防备之心。

- ——例如:"了解这一点对我很有帮助。"

为了与他人建立联系,你要留意周围的心理防护墙。这些防护墙可能是你为防御他人而构建的,也可能是他人为了防御你而构建的。一旦你发现自己起了防御之心,就要保持冷静,去探究缘由。如果感到别人对你有防御心理,则要改善措辞、消弭隔阂。要扭转对抗到底或求胜心切的观念,提倡理解和接受,积极建立人际联结。

本章小结　SUMMARY

- 防御行为会迅速破坏彼此之间的人际联结，同时也是进入点燃阶段的明显信号。

- 防御行为无论是来自你还是对方，都会在彼此间筑起一道高墙，妨碍你和对方之间的相互理解。

- 为了防止自己产生防御行为，你可以停顿五到七秒，让情绪维持在冷静阶段。你可以想象对方的话掉到地面上，而你要控制自己不去捡起它。

- 回应时以"我"开始，而不是"你"。这样可以减少他人的防御行为。先接受对方所说的内容，切勿站在自己的立场马上加以反驳。

- 学会不去参与别人发起的争论，你就能防止彼此之间筑起防护墙，从而保持双方的联结。

第十二章

应对艰难对话

　　应对艰难对话实属不易，因此我特意把这个问题安排在最后一章。

　　你阅读本书的初衷很可能正是为了应对艰难的对话，倘若如此，非常感谢你能耐心阅读到这里。

　　这表明，你已选择接受挑战，决心打破恶性循环；你选择不再坚持赢下争论，而是将其视为了解对方的机会；你选择排除万难去和对方建立联结。

　　想必你已明白，改变始于你接下来的交流方式。

　　处理艰难对话的方式，比对话内容更能彰显你的品格。无论话题是关乎结束一段重要的关系、解雇员工、财务问题，还是处理重大难题，关键在于如何切入对话。对话正式开始前的那一刻如同暴风雨来临前的宁静时刻，你还记得那种感觉吗？切入对话时，如果你的态度过于激烈强硬，对方可能会退缩并产生防御行为（"你在说我吗？你怎么不看看你自己！"）；如果你过于委婉、谦逊，对方会怀疑你有所隐瞒（"你到底想说什么？"）；如果你太过被动、害羞，对方可能会直接忽视你（"我不想听这些。"）。

对话变得如此困难，有以下两个原因：

> 你不知道自己的目标。
> 你不知道实现目标的方法。

倘若我告诉你，我登上飞机却不知它会降落在哪里，驾车却不知驶向哪个终点，你肯定以为我疯了。但在对话中，这种情况屡见不鲜。就像我们在第二章中讨论的那样，你在心里预演了对话的全过程，却不知其终点及到达终点的方式，最终只能大失所望。

所以，克服困难的最佳时机是在对话之前，而恰当的方法是成功的关键。

对艰难对话是否处理得当，决定了你能否成功建立联结。下面将介绍在困难情况下建立联结的方法。（附注：本章内容基于你已经遵循前几章的指导，掌握了如何控制自己情绪的方法，并提升了坚定自信的表达能力。唯有当你能够非常熟练地带着自控力和自信进行表达时，你才能成功地建立人际联结。）

处理艰难对话时，遵守以下三条规则，可以确保你的方法顺利实施。

规则一：安排合适、不受干扰的时间

我是在吃过苦头后才学会这条规则的。

在法学院学习期间，我曾在一家律所的合伙人手下做文员（法律界对"实习生"的戏称）。当时我对某项艰巨的任务有个疑问，但又不好意思开口问上司。经过一个上午的犹豫和内心的挣扎，我终于鼓足勇气去找他寻求答案。我从工位穿过走廊，径直走向合伙人的办公室。门开着，我未作思索，敲了两下门便开始说话。

"嘿，我有个关于动议的问题。"我边说边走向房间里面。

"别说了！出去！"他大声说道，同时把手掌一扬，做了个"禁止说话"的手势。

我迅速转身，与进来时一样，脚步匆匆地径直离开了办公室。离开时，我瞥见上司正在专心致志地打字。我回到座位，耳朵又红又烫，感觉尴尬至极。又过了约 15 分钟，我听到敲门声，原来是那位合伙人站在门口。

"我可以进来吗？"他问道。

"当然可以，"我回答道，好在耳朵终于恢复了正常颜色。

"抱歉，我刚才在想事情，刚做一半，如果不赶紧做完，回头可能就忘掉了。你对工作有什么新的想法吗？"他问道。

我深吸一口气，说出了我的疑问。他笑着说："啊，我知道为什么。我打错字了。我等下会更正的。下次遇到这种情况，你可以先发封邮件给我，提议一个面谈时间，我忙完手头的事情后再指导你。"

这时我才明白，不是我说的内容不对，而是我选择的时机不对。

如果你要进行一场艰难的对话，应先排除不利的外部因素——选择一处既私密又舒适的场所，安排一段双方都不会感到仓促或紧张的时间，并且排除一切潜在的干扰。

如果必须全部按照你的时间表来安排谈话，对方往往会从开始时就心生抵触。这就好比在高速路上驾驶，本来你的车时速为70英里，突然前面插入了一辆比你更慢的车，迫使你紧急刹车，这会大大降低你的专注度和车辆行驶速度。

让我们换位思考一下，在你还未准备妥当的情况下，别人强迫你发表意见，还有什么比这更令人郁闷呢。通常，对话之所以艰难，是因为我们还没做好对话的准备。仓促的对话会让你感到压力且容易起紧张反应，这些都是自主性触发器被激活后的产物。当对方强行安排一场不合时宜的谈话时，你会感到不适，因此难以理清思路。你甚至还需要对方一再重复，因为你的思维还没准备好处理当前的对话。

对话其实完全可以安排在将来的某个时间。

下次安排谈话时，可以尝试以下说法：

> »"周五上午什么时候适合讨论……"
> »"周二下午1点45分左右，你有空讨论……吗？"
> »"你本周四晚上有空聊聊……吗？"

我其实更喜欢用"**空**"和"**精力**"这两个词。

> »"你今天下午有空吗？我想和你讨论一下周一会议的议程。"
> »"等孩子们睡下后，你还有精力谈谈他们明天的日程安排吗？"

因为谈话不仅涉及对方可支配的时间，还涉及他们的精神承受能力。也许他们当下有时间，但情感或精神上被其他事情占据着。当然，询问对方是否有合适时间的方式多种多样，选择一种你觉得最为自然的即可。

关键在于要提议一个具体的时间段或一天中某个特定的时刻，即使双方目前都有空，也最好把谈话推迟。这样，不但你有时间整理思绪，对方也有充足的时间做准备。假设有人突然闯进你的办公室问："嘿，有时间吗？不是现在，我想另外找个时间和你聊聊我的想法。"你听完后可能会如释重负，因为可以稍后再谈那就再好不过了。只需将谈话的具体时间推迟半个小时，效果就会更好，这样可以确保你有充足的时间做准备，然后在对话时从容不迫地表达你的想法。尽量将对话安排在一个将来的时间，而且最好定在一个具体的时间段内。

记住，选择范围越小，越容易做决定。如果你问："那下周什么时候方便？"对方很可能回答："我不确定，回头再告诉你吧。"这种对话的结果可想而知，三个星期过去了，对话的时间还没能确定下来。反之，缩小选择范围，则更有可能得到答案，从而确立一个双方可以共同遵守的时间框架。以上建议虽然并非硬性规定，但相信对你来说会很有帮助。

顺便提一下，以下说法为反面例子，可能会让对方不太情愿为你安排时间：

» "我需要和你谈谈。"
» "你有空吗？"
» "你待会儿什么时候有空？"

设想一下，如果有人这样跟你约时间，你会有何感受。

而且，这几句话并未给出有效的参考时间供你选择。也许你会喜欢这种不紧不慢的语言节奏，但其害处就在于话语中的不确定性。比如，"**能占用你一点时间聊下吗？**"这个问题的答案要视情况而定。要谈的话题是积极的还是消极的？是关于私事还是公事？是严肃的还是琐碎的？不同的情况下，回答也不一样。也许你可以花"一点时间"听对方聊昨晚的趣事，但这通常可不止"一点时间"。比起"能占用你一点时间聊一下吗"，更妥帖的说法是"你能抽出两个小时谈谈吗"。谈话需要多少时间，应该和话题的重要性成正比，这样才能符合对方的心理预期。严肃、敏感及负面的话题，无疑需要占用更多的时间。告诉对方你需要多长时间，是 30 分钟、一小时，还是四小时，这对沟通很有帮助。

提升估算时间的能力，妥善安排时间，将为你更好地建立人际联结做好准备。怎样建立更好的人际联结呢？如果你能懂得运用有意识的停顿和适时的沉默，将谈话维持在框架内，那么你就有充分时间放缓呼吸和说话的节奏，保持头脑冷静和清醒。

相反，如果没有预先告知对方时间安排，就匆忙开始对话，你会发现对方更关心对话何时结束，而非对话内容本身。

此外，要确保你们在谈话时间内不受干扰。例如，确保手机不要放在面前，更不要拿在手里。要给对方留下这样一个印象：你现在唯一关心的事就是当下的讨论。

规则二：不说客套话

假设你要辞退一位下属。在过去几周里，你尝试给过她机会，但遗憾的是，现在只能让她离开公司。你发邮件通知她："有空时请来我办公室。"你本想过几个小时再和她详谈，但出乎你意料，邮件发出不到两分钟，这位员工就走进了你的办公室。她看起来神情紧张，因为她知道再怎么努力改善，自己的工作表现始终不尽如人意。"嗨！"你热情地说道，随即紧张地咳了一声说："请坐。"

几秒钟过去了，你一会儿将桌上的物品挪来挪去，一会儿摆弄一个回形针。

"你还好吗？"你问，"喜欢这里吗？"

"我很喜欢这里。"她勉强挤出微笑，"我感到大家对我都很支持，我真的很喜欢这份工作。虽然适应的过程比我想的要长一点，但我感觉自己很快就要进入状态了。"

你没料到她会这么说。你尴尬地挪动身体，调整坐姿。沉默中，她慢慢收起了笑容，开始努力寻找话题。

你硬着头皮继续说道："嘿，呃，我想说……"此言一出，房间里的气氛瞬间凝重起来。"有件事我最近考虑了很久。对我来说，做这个决定很艰难，因为我很喜欢你，你是个很优秀的人，也很努力。我真的不愿意把话说出口，但是，呃，我觉得，是时候让你离开了。"话音刚落，她的眼泪就夺眶而出，你只好低下头看着地面。她恳求道："可是为什么？我真的喜欢这里，而且……"

你原本只计划了五分钟的对话，结果却持续了一个半小时。最终，你决定再给她一次机会，让她在团队中多待两周。但你知道，这个决定一定会让你后悔的。

谈论敏感话题或者传达坏消息时，我们会设法缓和气氛、减少冲击力，好让对方更容易接受。于是，我们通常会聊聊对方过得如何、问候下家里的情况，或者临时想起一些以前不感兴趣的话题，比如"你喜欢园艺吗"，以此来活跃气氛。你认为自己在让事情变得更好，以为这样说会显得很委婉。

但事实上，大家心里都明白。

尽管你演技一流，但其实每个人都具备一种感知威胁的本能，他们能轻易觉察到事情的不同寻常，善于捕捉你的言外之意。有人盯着你，你会感觉得到；你闭着眼睛，也能察觉到有人进入了房间。早在争论发生之前，你已经预感到那种紧张气氛，这在第五章中已有讨论。因此，但凡你流露出一丝不真诚，对方就会立刻准备防卫，进入点燃阶段，并随时保持警觉迎接打击。

你的下属已经觉察到即将发生的事情，你不但没有专门安排时间和她讨论，而且还以客套话开场。她知道自己的工作表现不尽如人意，也完全清楚你找她谈话的目的。从你频繁摆弄物品、调整坐姿的举动中，她就觉察出你很不自在。虽然你的问候是出于好意，但在这个场合却显得有些虚伪。你并不是真正关心她的生活和工作状态，你只是想解雇她。

用客套话作为开场白，表面上看似无害，但这种虚假的关心会产生相反的效果 —— 你本该用善意对待她，却让她感受到你伪装过的冷漠。无论是解雇员工、处理人际关系中的棘手问题，还是分享你数周以来一直压抑的感受，人们真正需要的是真诚 —— 那种坦率的、真正的诚实。说话越绕弯子就越让人觉得虚情假意，你们之间的人际联结也就越薄弱。

所以，在艰难的对话中，尽量少用下面的问句作为你的谈话手段：

» "呃，你最近怎么样？"
» "最近在忙些什么？"
» "这天气真是反复无常，对吧？"

相反，从一开始谈话就应该坦率、"透明"，要明确告知对方谈话的性质。例如，要传达坏消息，可以这样开始：

» "这事可能让人有些难受。"
» "告诉你一个坏消息。"

»"有件事我必须得说，但你可能听了会不高兴。"

»"我说了可能会让你震惊。"

或者，对于敏感的话题，可以这样开始：

»"我要说的事情，可能会让你感到不悦。"

»"我要说的事情，可能会让人不舒服。"

»"我要说的事情，有点难以启齿。"

或者简单明了地说"这次对话会很艰难"。

这些语句要放在对话开始时说，或者至少紧跟在"感谢您抽出时间与我交流"这句话之后。这样的开场方式更加坦率、诚恳。哪怕你接下来的话听起来令人不舒服和沮丧，但以这种方式开场更能体现你的善意，避免对方在未知中揣测和纠结。

现在让我们看看你该如何以直接的方式和下属谈话。

"感谢你的到来。"你先发话。

她随即坐了下来。

你看着她，平静地说："我接下来要说的，可能会让人比较难受。"

你稍作停顿，以便让对方做好心理准备，然后接着说："我不得不让你离开公司。"

她点点头，表示理解。

"和你共事的日子很愉快。我期待你将来会有更好的发展。"你以让人感觉温暖的微笑结束谈话。

"我明白了。"虽然显得有些失落，但她还是说，"感谢您给予我这个机会。"

正如前面所说，清晰表达是善意的体现。它拨开让人感到模糊不清和焦虑不安的云雾，令对话的双方能够直面真实的状况。你这样做，能够让对方在不失体面的情况下接受坏消息，从而更坚强地面对真相，以更成熟的心态去回应真相。

规则三：说话开门见山

在进行艰难的对话时，应该先从结论展开。换种说法，你想象自己正在一场会议上进行演说，将**"总而言之"**带出的结论，从结尾**移到对话的开始**。

假设你在会上这样提议："我们都希望客户从公司前台开始就能拥有舒适的体验，对吧？但我认为，我们把客户体验想得太复杂了，其实关键在于客户没有明确自己的需求，是吧？我开车时突然想到一个主意，我们应该彻底简化方案，集中精力为客户营造一个进入大堂就能感到宾至如归的环境。"这种话术会让人听得一头雾水。

你是否留意到，其实在说最后一句话之前，你根本弄不清楚这段对话的方向和最终的诉求？

在这种情况下，听众很容易分心。他们可能在听到某个字眼时就开始浮想联翩。比如，听到"开车"，就想到自己开车时想过的事——有机会一定要去刚才路过的新意大利餐厅尝尝鲜。说到尝尝鲜，午餐时间是不是快要到了，吃什么好呢，昨天才吃了千层面……

就这样，他们不再留意你说了什么，而只顾着回首过去、畅想未来，唯独没想起现在的对话。

现在让我们将结论移到对话开头，看看会是什么情况。

坐在会议桌旁，你分享了自己的想法："我们应该将大堂营造成一个宾至如归的环境。我们可以将入口处设计得引人入胜，这样顾客到前台就会感觉更加舒适。"

就这么简单。

如此一来，听众不会再分心去想意大利面之类无关紧要的事情，因为你已经迅速阐明了自己的观点和理由。

这些技巧也同样适用于短信往来等书面形式的交流。当你把客套话和补充解释去掉后，你就能更好地把握对话的主动性。假设你要发信息拒绝聚会邀请，哪种方式更好呢？

> » 回复一：哎呀！真的很抱歉，今天我有太多事情要处理，压力很大。我都还没吃东西呢，呵呵。还有，我发现我的狗过敏了，它的行为有些异常，我很担心它。真的很抱歉，今晚我可能不能参加了。非常感谢你的邀请，如果计划有变，我一定会告知你！
> » 回复二：我有个坏消息，今晚我没法去了。谢谢你的邀请，希望你们玩得开心！

第一个回复让人觉得欠缺诚意。尽管你设法避免伤害对方的感情，但你说得太多，反倒需要对方去揣测你到底想表达什么。你说得越多，在对方耳中听起来就越像是在撒谎，甚至可能会被对方调侃："直接说你不想来不就得了。"

第二个回复则直截了当地表达了你的意图，让人听起来更加诚恳。该回复既尊重了自己，也尊重了对方。

这些策略会有助于你开启艰难对话。那么，如果别人要与你进行艰难对话，你该如何保持开放的心态呢？

为对话营造安全的空间

几个月前，我六岁的儿子在客厅找到我，他低着头，双手捂着肚子。

"爸爸。"他说。

"怎么了，小家伙？"我连忙问道。

"我做了坏事。"他把手拿开，指着新衬衫上的一个破洞说。

"发生什么事了？"我追问道。

他再次垂下脑袋，说："我只是想试试我的剪刀能不能剪开这件衬衫。"

我忍住笑意，说："那你现在知道了吗？"

他深深叹了口气说："剪刀确实能剪开衬衫。"

"我也这么认为。谢谢你告诉我这件事。"我和他击了下掌，"既然我们知道了，下次就别这么做了，好吗？"

他笑着回答："好的，爸爸。"

如果有人找你谈棘手的事情，并且知道你听了可能会不悦或伤心，这时你的反应决定了他们以后遇到难处是否还会求助于你。为艰难对话创造空间，将从你如何回应接收到的信息开始。以下语句将确保你从一开始就为对话营造一个安全的空间：

>> "很高兴你愿意和我分享这件事情。"

这个回应表达了你承认对方在选择信任谁、和谁分享这件事上有足够的自由。你感谢对方选择了你，因而接受对方和你建立人际联结。

>> "谢谢你告诉我。"

这个回应表明你承认了对方为了找你所付出的努力，你理解有时候敞开心扉分享所想之事并不是一件容易的事。

> »"我很欣赏你的想法。"

无论对方的立场站在问题的哪一边，他人的观点总能为你提供前所未有的视角。

虽然被称作"艰难对话"，但这类对话其实是你与他人建立人际联结的最好机会。直面"艰难对话"的挑战并克服困难，如此对话会拉近你们之间的距离，从而深化并增强彼此间的联系。然而，以下语句可能会产生相反的对话效果：

> »"我对你正在经历的事情感同身受。"
> »"我今天也过得很糟糕。"
> »"我也有过类似的经历。"

人们往往倾向于通过这样的话来拉近关系。殊不知，你实际上将关注点转向了自己，从而剥夺了对方分享、发泄和表达不满的机会。即使你是出于善意，但将谈话的焦点转向自己的做法可能会破坏彼此之间的沟通。此刻与其将话题引向自己，不如试试以下方法：

> » 首先，提出一个问题——当然，多提几个问题也无妨，但其实一个就足够了。先从一个简单的问题开始，比如，"你对此感觉如何？"或者"你对此有何看法？"这些开放性问题会把关注点放在对方身上，从而有助于彼此之间保持良好的沟通关系。

» 若你确实有些内容值得分享，不妨先征求对方的同意，可以简单地询问："我能和你分享一些想法吗？"因为在第一步的问话中，你已经表达过对他们看法的兴趣，这时他们会欣然同意，表示乐意倾听你的观点。

» 不用告诉某人应该做什么，或者如果你处在他的位置上会怎样做，你可以说："我可以和你分享我学到的经验吗？"人们会更乐意接受你从个人经历中获得的经验，而不喜欢被指手画脚地指挥着，或是感觉到你在卖弄自己的学识。

当有人向你敞开心扉，要和你进行艰难对话时，请努力为他们营造安全的港湾。你无须刻意表现得兴高采烈或积极向上，那样反而显得不真诚。你只需要在交谈时，确保对方感到安全舒适，没有任何顾虑即可。

面对艰难对话，你不必故作轻松。正如你从第一章了解到的那样，正是这些艰难的对话和冲突，为改善人际关系提供了机会。困难是不可避免的，要学会接纳它、面对它。如果你想要与某人建立更深厚的关系，就必须以更宽容的态度对待艰难对话（见图12-1）。

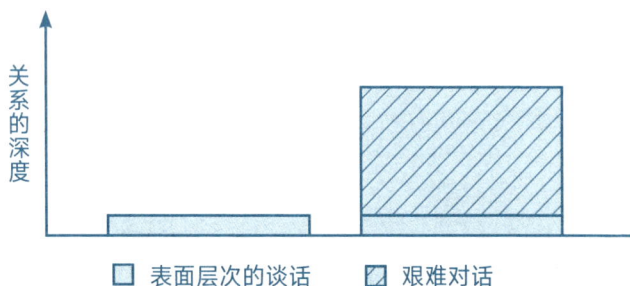

图12-1 艰难对话为更深厚的人际关系搭建桥梁

关键在于利用对话来建立人际联结。通过上述方法，你甚至在开始交谈之前，就能将困难化解。要主动出击，与对方约定一个时间和地点进行这次艰难的对话。一旦对话开始，你要省去客套话，直接切入核心议题，或是从结论入手展开谈话，避免引起对方困惑，从而清楚表达你所期望的结果。反之，若对方需要和你进行艰难对话，你要学会换位思考，成为让人感到安心的港湾。

只要运用得当，这些步骤将有助于你把下一次对话转化成建立人际联结的良机。

本章小结　SUMMARY

- 最好在艰难对话开始前为沟通扫清障碍。

- 需要讨论艰难或敏感的话题时，应该安排合适的时间段，这样既能够保持全情投入，又能保证不受干扰。此外，不要仅仅为了迎合你自己的时间安排，而仓促展开对话。

- 不要用绕圈子的客套话作为开场白，这样会显得不够真诚。相反，要保持坦率。坦率是善意之举，能使你获得对方的信赖。因此，可以直接以你的结论或主要观点为起点来展开谈话。

- 艰难对话尽管被冠以"艰难"之名，但它是你与他人建立人际联结的最佳机会。面对困难并克服它，会拉近彼此之间的距离，从而使人际联结更加深厚、紧密。

后记

登上古老的得克萨斯法院门前冰冷的花岗岩台阶，穿过长长的走廊，我推开了法庭那扇高大的木质弹簧门。我在门口停了下来，扫视整个房间，并根据心中的清单逐一确认各项情况。

法官坐在法官席上，正对着法警和法庭记录员大声讲故事，一切正常。另一侧，三位对方律师正站着交头接耳，一切正常。在我的律师桌上，放着我的笔记和文件。我的桌子后面，是委托人的椅子。

但椅子上没人——情况不妙。

我环顾四周，我的委托人呢？我请求法官再给我五分钟时间。看见法官点头同意后，我再次推开那扇弹簧门。我开始四处寻找，走廊里回荡着皮鞋在坚硬大理石地面上碰撞时发出的"咔嗒"声。

我的委托人名叫克莱蒙·李（Clemon Lee）。他没有手机。这位供职于一所小学的勤杂工已 61 岁，他的生活一成不变，他也不喜欢新事物，平时家里只用座机。我拨打了他家的电话号码，但无人应答。我开始焦急起来。

终于，绕到第三个走廊时，我发现了他，他坐在走廊尽头的长椅上。我放慢了脚步，微笑着跟他打招呼。

"李先生吗？一切还好吗？"可是，他没有回答我。

他交叉着双腿，双臂抱胸，低头盯着地面。他身穿棕褐色旧西装，系着栗色领带，白衬衫已略微泛黄。之前聊天时听他说起过，这是他在重要场合才穿的西装，也是他唯一的西装。

我来到他身边坐下，再次问道："怎么了？"此时我们并肩而坐。

过了一会儿，他轻声说道："那些人不会喜欢我的。"

"什么意思？"我问道。

"我嘴笨，他们可能会用话术来套我的话。我不适应这种场合。"他忧心忡忡地说道。

上法庭时会感到紧张是再正常不过的事了。想想看，有 12 名陪审员时刻盯着你的一举一动，身穿黑袍的法官居高临下看着你，而对方的律师对你虎视眈眈，随时准备质疑你的证词。

"看着我的眼睛，克莱蒙。你觉得我紧张吗？"我问。他缓慢地摇了摇头。

"你做错了什么事吗？"他再次摇头否定。

他确实没有做错任何事，是另一位司机撞了他，责任非常明确。然而，事实的真相与自我意识到的情况是两码事。

"那好，"我说，"我们现在再来练习一遍。"

我们复习了"快速扫描"身体的方法，这招可以在出庭前运用，也可以在需要暂停时使用，以便关注自身情绪变化，设法缓解紧张心情。我们还练习了"对话式呼吸"，帮助他在证人席回答问题时平复心绪。而此刻他最需要的是自信，要确保陪审团看到的是没有任何伪装的、真实的他。

审判前的几个月，我们一起想了几句简短的话，来帮助他应对这个关键时刻。

"当你站在证人席上时，你会是谁？"我盘问他，并站了起来。

"我就是我自己，克莱蒙·李。"他回答道，垂下交叉的双臂，站在我旁边。

我微笑着说："回答正确。假如对方律师试图反驳你，这给了你什么机会？"

"'教导'他们的机会。"他边回答边随我走向法庭。

"没错，"我答道，"当你不确定怎么回答时，你会先说什么？"

他咧嘴一笑，按照我们之前排练过的，回答："先呼吸。"

"现在感觉好些了吗？"我问道。

他自信地回答："是的，我知道该怎么做了。"

我把手搭在他的肩膀上，又一次推开了法庭的木质弹簧门。

现在，轮到你了，我要放手让你自己迈进这道门。

就像克莱蒙·李所说的，你知道自己该怎么做，也要相信自己一定能做到。

学完本书的所有课程，你不仅学会了说什么，还学会了怎么说。你学会了使用不同的方式来观察身边人的交流。这意味着，你将开始以全新的方式去聆听；你将开始注意到短信和邮件中那些干扰信息交流的词汇、短语；你的用词将会更加精准、条理清晰。

所以，在面对下一次争论时，你会感到更平和、更有力量。这并非凭空发生的改变，而是你将本书中的十二章课程学以致用的成果。它教会你**在表达时展现出自我控制力、在表达时拥有自信，而你表达的目**

标是建立人际联结，你因而拥有了一套帮助自己应对任何冲突的工具和策略。

在本书结尾，让我们回到最初的问题：你的语言呈现了一个怎样的你？我衷心为你送上祝愿，愿你所说的话和所用的表达方式，都将成为你们家族的传家宝。你将留给后人一份宝贵的精神财产，让他们知道你是什么样的人，以及因何被世人铭记。你将开启全新的生活，展现全新的自我。

让你的下一次对话，成为可以改变一切的对话。

47 秒短视频版本

沿用我原有的风格，如果要把本书内容浓缩成一段 47 秒短视频的话，我想视频将会是这样的：

第一部分，争论莫论输赢，否则你会得不偿失。在回应之前先调整情绪，保持头脑清醒、心态平和。

第二部分，自信并不是行为本身，而是这种行为带来的结果。使用能够坚定表达自己需求、维护自己价值观的词语，不要害怕失望。运用你坚定自信的表达，保持你自信的声音，这将为你的生活带来更多积极的改变。

第三部分，不要担心难以扭转整个关系，先专心改变下一次对话。当你把每次对话视作学习的机会，而非证明自己的手段，建立人际联结的难题也将迎刃而解。

试试这些技巧，然后关注我吧。

接下来该怎么做

感谢你阅读我的作品，我的感激之情难以言表。如果你从社交媒体上关注我并来到这里——再次向你问好，我还是你们熟悉的杰斐逊。感谢你购买了这本书，感谢你信任我的工作，以及我带给你们的关于更美好世界的信息。

如果你喜欢《下一次对话》这本书，喜欢我的故事和心得，那么你一定会喜欢我的个人网站提供的免费订阅内容。每周一则沟通小技巧，助你开启新的一周。此外，你还将抢先一步获知我的新计划和文章，并有机会报名参加我的演讲活动。如果你还在考虑下一步的行动，这将是个不错的开始。

如果你还想更进一步，欢迎随时加入我的在线社群。在里面，你可以搜索到我发布的所有内容，可以点播视频、下载文本和观看直播课程。

附录

"律师 - 委托人特权"：
如何应对自恋型人格和煤气灯效应

　　男子在人前表现得和正常人无异，笑容真挚，性格温和，一副体贴入微的模范丈夫模样，但在私下里是个尖酸刻薄的人。[1]

　　在离婚诉讼期间，他不断向孩子说妻子的坏话，如"你妈妈只在乎钱，不管你们的死活""你妈妈要离开咱们家，她不要你们了"，企图把孩子作为离婚大战的武器。

　　他会责骂妻子，可一旦被质问，就立马扮成受害人，嚷着"是你逼我这样做的"。他喜欢无休止地打心理战：前脚打电话骚扰妻子，后脚就猛然挂断，紧接着再打过来，在语音留言箱里装出推心置腹的样子，说什么"看在孩子的份上，真心希望我们能和平相处，共同抚养他们"，仿

---

[1] 本章内容不是正式意义上的"律师 - 委托人特权"，也不是指受法律保护的交流，而是我为真正需要的人提供的保密建议：如何应对自恋型人格和煤气灯效应。这也是我在网上最受读者欢迎的内容，值得一读。这类人格和行为具有极大的杀伤力，如果知道该如何应对，能帮助你保持理智，避免精神崩溃。本章在英文原版书中是一个隐藏的附赠章节，目的是向你介绍一套沟通工具，供你在下次遭受攻击时使用。

佛前一通电话里那个说话冷漠无情的人不是他而是别人。

他谎话连篇，在亲朋好友面前把快要和自己离婚的妻子贬得一文不值，说她喜怒无常、贪得无厌，而自己则伪装成独力维护家庭团结的大好人。

有害的沟通方式并不是对手光明正大地戴上拳击手套，朝你痛击，而是在黑暗的后巷里向你捅刀子。

离婚大战还在继续进行，丈夫拿每件细枝末节的事情作为借口，一心想着伤害妻子。前一天刚谈好的离婚协议条件，隔天他就翻脸不认账，还反咬一口，说妻子"妄图拿走所有东西"。只要不是他自己的主意，双方的协商就无法有任何进展。最终，法庭审查了双方几个月以来的银行流水记录、财务单据、宣誓证词及丈夫来电的通话录音。所有的证据完整勾勒出丈夫的嘴脸——一个不惜一切代价、一心想操控妻子的人。

有史以来第一次，他的真面目曝光了：自恋型人格①者。

丈夫杜撰的故事真相大白，他弄巧成拙，法官做出了对妻子有利的判决。然而，大家见不到这位丈夫有任何自我觉醒的迹象，更别提表示歉意了。他不但没有反省自己，还将枪口指向所有人，痛斥法庭处理不公，指责律师没有良心，连法院工作人员也没能逃过他的谩骂。他黔驴技穷，咬定自己编的故事不松口。他知道自己伤害了别人，却缺乏共情的能力。可悲的是，自恋型人格者的卑劣暗算几乎总是如此收场，受害人往往等不到对方任何补偿，在受尽心理折磨之后，只能自己收拾心情，回归平静。

这位妻子的代理律师是我的朋友，所以我清楚地知道故事的始末。

---

① 自恋型人格（Narcissists）：拥有自恋型人格的人往往会过度夸大自我的重要性，过度渴求别人的赞赏，缺乏共情别人行为的能力。——译者注

这个故事给我留下了难以磨灭的印象。这位丈夫是自恋型人格活生生的例子，其手法隐蔽，伤害力强，操控性高。

与自恋型人格者博弈，你要避免被拖入他们的深渊，而要尝试找到光明的出路。然而，这场博弈存在严重的问题，或许它正是你无法从自恋型人格者那里脱身的原因。

整场游戏就是个陷阱。

一场被动参与的游戏

自恋型人格者非常难缠的一点，就在于他们看起来和普通人无异，让你误以为只要把情况解释清楚，让对方明白自己做错了、给你造成了伤害，他们就会向你道歉，事情就完全解决了。你本以为你们可以将心比心地交流，像用钥匙开锁一样流畅自然。

但事实上，和自恋型人格者交手更像是在玩暗藏猫腻的嘉年华游戏，表面上规则公平透明，让你感觉稳操胜券，实则必败无疑。

整场游戏就是个陷阱。

遇到自恋型人格者，你需要记住一点：你参与的游戏，规则是由他们说了算的。如果你不明白这个游戏是个由他们操纵的陷阱，你就很难全身而退，只会变得情绪不安、不胜其烦，甚至开始怀疑人性的善良。

如何觉察自己正在陷入心理陷阱？以下是这类陷阱的几个识别特征。

» **改写历史**：自恋型人格者总想把话题引向自己，要么通过改写历史来美化自己，要么为自己的行为找借口。

» **唯我独尊**：他们会拔高自己的行为、夸大自己的成就，显得自己高人一等。他们标榜自己的贡献最了不起，贬低甚至无视别人的劳动成果。

» **欲壑难填**：无论你多么关注他们，再怎么大力地夸奖他们，他们都始终不会感到满足。他们会向你索求更多，让你觉得好像亏欠了他们似的。

» **情感漠视**：他们会漠视你的情绪，认为你的情绪根本是小题大做，摆明了只有他们自己的感受才真正重要。

» **有条件的道歉**：他们极少向人道歉，即使这样做了，也必然附带为自己开脱的借口，免除自己任何实际的责任。他们的道歉言辞空泛、毫无诚意，听来不过是在推卸责任，仿佛他们才是遭受委屈的一方。

注意到这些特征的共同点了吗？自恋型人格者患有"主角综合症"，即认为除了自己，其他人都无足轻重。"自恋型人格者"一词源自希腊古典神话中纳西索斯（Narcissus）的传说。纳西索斯是位美少年，极度迷恋自己在水中的倒影。而自恋型人格者的世界都是围着自己一个人转的。

可以说，自恋型人格者想得到的东西，要么是你的赞美，要么是你的愤怒。如果你没有夸奖他们或满足他们的自尊心，他们就会和你争吵，让你难受。为什么呢？因为如果得不到你的赞美，那么让你沮丧也能给他们带来很多乐趣。自恋型人格者会竭力影响你、操控你的情绪——他们才不管你的情绪是好情绪还是坏情绪。

由此可见，你费尽口舌解释也好，换位思考也罢，自恋型人格者总能把矛头转回你身上，开始又一轮"你从来没有……"或"你老是……"这样的指责。虽然他们说话的主语是"你"，但他们关心的从来都只有自己。这种情况好似在一场嘉年华上，有人拿着大喇叭招揽顾客："您可来对了！对，说的就是您，快进来领走今天的头奖！"

这时，千万不要相信他们的鬼话。他们的游戏是个陷阱，你赢不了的。

那么，我们该怎么办呢？

应对自恋型人格者的三项规则

如果你主动选择阅读这一章，可能你和自恋型人格者打交道已经有一段时间了。你或许已经筋疲力尽，放弃和他们争执，甚至向他们的阴谋诡计妥协了。你想为自己发声，让那个不愿倾听的人也能听听你的意见；你想找到对话背后那个能够正常沟通的人，认为对方只是把正常的一面隐藏起来了而已；你想摆脱被他们操控的局面。

如果你能接受以下提议而不觉得太唐突，那么现在就请深吸一口气，然后告诉我，你现在过得怎么样。你可以想象我就在你面前，然后向我大声说出你的遭遇，或者你也可以在心里向我倾诉。想一想，到底是什么促使你想要掌握相关方法来应对自恋型人格者或者他们的自恋行为？你有没有联想到某个特定的人？花一些时间，展开描述细节。如果需要理清思路，你也可以动笔写下来。我保证不偷看。

首先，你需要界定问题属于哪个范畴，然后才能妥善准备，充分利用下文提到的技巧。不过请记住，如前文所述，我既不是心理学家，也不是心理治疗师。自恋型人格远远超出了单纯的自我中心行为的范畴，清楚地了解这一点非常重要。一些杰出的临床医师，如拉玛尼·杜尔瓦苏拉博士（Dr. Ramani Durvasula）、约翰·戈特曼博士（Dr. John Gottman）和朱莉·戈特曼博士（Dr. Julie Gottman）夫妇，他们的专著深入地阐释了关于自恋型人格的科学研究。本章内容并不是想替代这些专家的论著思想，仅作为一些补充。我介绍的这些沟通技巧，其效果是我亲眼所见的。希望你能充分做好准备，从容应对。

规则一：保持安全距离

几个月前，我在社区杂货店遇见了一个高中老同学。我们各自推着购物车走在店里的通道中，一眼就认出了对方，于是停下来聊聊近况。他告诉我，他和妻子（也是我们的高中校友）已经分居了。他在诉说妻子的种种恶劣行为时，却表现出波澜不惊的样子。

"你经历了这么多糟心事，怎么还能保持平稳的心态？"我边问他，边将孩子们最喜欢吃的芝士通心粉放入购物车。

他苦笑着摇了摇头："'标记为免打扰'啊，老兄。"

"什么意思？"我好奇地挑起一边眉，笑着问。他解释道："就是每次她挑起事端、臭骂我时，我就把她的话'标记为免打扰'，提醒自己不要受她影响。我算是明白了，离她越远越自在，所以我发现，最好的办法是把她的话当作耳边风。"

如果你想躲避自恋型人格者的语言伤害，就要置身事外。对话时，你要掌握用词的分寸，保持一定的距离，无论他们说什么都不为所动。而且回应最好简明扼要，少发表意见，多陈述事实，以近乎旁观者的身份来回答他们。你不是要证明他们对错与否，也不是要给他们一个教训，你要做的是自动把听到的话"标记为免打扰"。

应对的措辞

关键的一点是，说话要简短，不带感情色彩。以下是一些可用的措辞：

"我知道了。"

"我了解了。"

"我懂了。"

"我看见了。"

再强调一次，对方说话再怎么过分，你都要保持中性的态度，不要掺带任何感情色彩。如果很难做到保持中性态度，你还可以选择保持沉默。沉默是你最好的武器，因为沉默不会被人歪曲。有一条黄金法则叫"如果你不能好好说话，就什么也别说。"宁可因为保持缄默而被对方说冷漠，也不要用语言激怒对方，导致局面失控。

和自恋型人格者交谈，一旦气氛升温，你就要马上秉持客观的、不为所动的态度，这是预防对方攻击的手段。你在和他们争论对峙时，如果说"你为什么总是不听别人讲话"或反驳对方"你总是把事情扯到自己身上"，最终受伤的人还是你自己。所谓的"解决方案"离不开彰显他们的伟大，而争吵的结局无非助长他们的傲慢。没有什么方法可以让他们理解你，或促使他们对你感同身受。

记住，这场游戏是个陷阱。

规则二: 转移焦点

有一次，我在采集一名外科医生的证词时，他辩称我的委托人无须做外科手术。然而，核磁共振检查的结果及多位外科医生的证词得出的结论恰好相反。这位外科医生并非我的委托人的主治医师，而是诉讼对家聘请的专家证人（即有偿专家证人）。因此，官司一开始，我和他就是对立的。

我与不少医生交情不错，也非常尊重他们的职业操守。然而，眼前这位专家证人却表现出我们常说的"上帝情结"，以为自己无所不能。他傲慢地否定我提出的每个问题，还摆出高高在上的态度，一再转换话题。不论我问他什么，他总是一副不以为然的样子，或干脆避而不答。很快，他这套做法就让人腻烦了。

我以前做过这类人的取证工作，知道和他是掰扯不清的。因此，我改变了提问策略，把他解答的重点由证明我有错，转移到证明整个陪审团有错上。

"我的委托人受伤不严重，这就是你在法庭上要告诉陪审团的事情吗？"我问道，当即向他点明了其中的利害关系。

他不以为然地嘲讽道："我认为伤情没有你说的那么夸张。"

我沉默了五秒，好让现场也随之安静下来，继而压低嗓音问道："所以，你认为陪审团会接受这种解释吗？"

意识到自己的专业声誉有可能受损，他立刻换了一种语气。他清了清嗓子，同时把身体坐得更直了些，结结巴巴地说："嗯，不是，让我……呃，让我解释下。"他的回复明显较之前缓和了。"我只是想说明，伤情虽然还没有达到要做手术的地步，但确实存在某些严重情况。"

"严重情况？"我追问，继续向他施加压力。

他犹豫了,答道:"我……呃,没错,任何需要手术的患者都可能,不,都是挺严重的。"

"所以这是严重的创伤,是吗?"我逼问他。"确……确实如此。"他回答道。

我没有想着和他正面交锋赢得这场争论,也没有试图证明我是正确的,而是把压力转移给对方,让他在众人面前给出一个解释得过去的说法。他需要在比我更重要的观众面前表现自己,他渴望获得陪审团的支持。这一点我很清楚。

在和自恋型人格者单独相处时,为了避免当场发生争执,你不要试图证明他们错了,而要把他们的注意力转向他们自己的名声,或者提醒他们关注自己留给公众的印象。为什么呢?因为自恋型人格者在乎自己的名声多过在乎你。在其他人眼里显得卓尔不群,这件事对他们来说很重要,比你怎么看他们重要多了。

当自恋型人格者做得太过分,或者对你说了一些轻视或不恰当的话时,你可以说出下面这些话,以转移他们的关注点。

"你要是认为这样说没问题,这就是你的选择。"

"你要是觉得这样做对你有好处,那就随你便吧。"

"大家这么看你,你感觉自在吗?"

"你觉得大家会认同你这样的做法吗?"

对付那种以威压他人为荣的人,用转移关注点的方法尤其奏效。这种人没有怜悯之心,伤害了你他们也满不在乎,但他们会竭力避免伤及自己的面子。引导他们注意自己的言行以免引起他人非议,你也就说中了他们的心事，这实际上是在帮助他们维护自身的公众形象。

这个策略并非关于如何赢得争论，而是迫使他们重新审视自己的所作所为，从而缓解他们向你施加的压力。你要拒绝成为他们操纵的目标，把他们的关注点转移到他们自身的行为上，让他们对你以外的旁观者有个交待——哪怕是假想中的旁观者。万一冲突加剧，你可以运用下面的办法巧妙回应。

"我很好奇别人会怎么理解这件事。"
"我很想知道别人会如何看待这件事。"

自恋型人格者的形象是他们最看重的财产，无论是真实存在的形象，还是刻意营造的形象。你提出"你要是觉得这样做对你有好处"或"我很想知道别人会如何看待这件事"，实际上是在迫使他们面对眼前的问题，看看他们自己的行为是怎样破坏其精心营造的门面的。现在已经不是你和他之间的问题，而是他和其他人对他的评价的问题了。而这正是他们最脆弱的地方。

遣词造句要保持中性，不要挑拨对方的情绪，这样既能避免给局势火上浇油，又能维护自己的主导权。其实，在这种情况下，采用沉默策略也能发挥很好的作用。有时候，把他们的话就那么晾着，先不做声，就足以解决问题。长时间的沉默会让自恋型人格者感到不自在，因为如此一来，别人就有机会仔细审视他们的行为。

转移焦点这一策略的妙处是，你既不用证明自己，也无须力竭声嘶地争论，只需要把他们给你造成的现实压力奉还给他们就可以了。

其实这个真相已无须再举例说明，我们得到的惨痛教训已经够多了。

不要期盼得到对方不打算给出的东西。如果你期盼在自恋型人格者那里获得肯定，或者尊重、同情，甚至基本的礼貌对待，那你无疑会大失所望。他们在心里从未想过给出这些东西，当然也不可能给予你了。以操控他人为乐的人，不会突然开始理解他人，更不会把你的需要放在心上。

是时候全盘接纳事实了。全盘接纳事实，意味着接受他们本来的面目，放弃幻想，不再认为自己能改变他们、挽救他们，或让他们顿悟，不再对他们抱有期待。是时候停止无用付出，关注自我成长了。

你捧着满满一壶水，不停地往外倒，不停地倒进别人的杯子里，最后发现自己的壶里一滴水都不剩了。其实，你要把壶口转向自己，为自己倾注心力，让自己获得安宁、获得能量。当你回归自我、重获力量时，你会因此获得无边的喜悦，感觉世界无比澄明。

为了熟悉这种思维模式，你可以运用下文中的技巧，致力于自身的成长，不再把精力耗费在对方骗人的把戏里。

心理抽离的威力

心理抽离（Detachment）是应对他人情绪爆发和恶劣行为的绝佳方法。我发现有些人对心理抽离感到为难，或者不太喜欢这么做，认为这么做意味着放弃立场或者举白旗投降。但根本不是这么回事。心理抽离不是认输，而是一种策略。心理抽离是你的"免打扰标签"。通过选择心理抽离，你拒绝让对方混乱不堪的状态扰乱你的生活。

你所抽离的对象并不是自恋型人格者的语言本身，而是他们对你的评价。打个比方，你穿着绿色衬衣，我却嘲笑你穿紫色衬衣真丑，你不会把我的评价放在心上。你听到我说你的坏话，却不会有任何不满，这是为什么呢？因为你知道我说的明显不是事实——你穿的是绿色衬衣，而不是紫色衬衣。

心理抽离的原理与此相同。如果你知道自己是个好人，并不是他们口中的那个人，就好比知道"自己穿的是绿衬衣"这个事实，你就能把他们的诋毁和自我认知分隔开来。他们的诋毁并不能定义真正的你，反倒揭露了他们自己是个什么样的人。

心理抽离并非脱离真相，而是拒绝把他们的错误观点变成自己的心理负担。你听到了他们的言论，但不会放在心上。你明白这些话实质上不过是对方自身情况的镜像，而不是真实的你，因而能够维持自己内心的平静。

» 不要把他们的评价放在心上，质问："你怎么能这样说我呢？"反过来，你可以问："这样说我，你自己感觉如何？"

» 把"这样说太没礼貌了！"或者"我不敢相信你竟然这样说我！"换成"大声说出这样的话可真让人奇怪。"

看到了吗，你正从旁观者的角度看待眼前的状况。心理抽离并不代表你冷漠无情，而是你选择无视他们的谎话，只关注真实的自己。你所有花在自恋型人格者身上的时间，无论是用来解释原因还是争辩是非，都是白费力气。反之，你应该把精力倾注在自我成长上。

» 去看心理健康专家：选择在安全的环境里畅所欲言，会有让你惊喜的发现。

» 重拾热爱之事：把时间花在让你快乐的事情上，例如培养兴趣爱好、锻炼身体、和支持鼓励你的朋友共度时光。你还记得上一次做自己想做的事情是什么时候吗？

» 设立个人目标：无论是职场成长、健身课程，还是创意项目，你都要关注那些能为自己的生活带来成就感的活动。设立目标，取得个人成就，这才是健康的生活。

强调一下，不要把"重新投入精力到自己身上"和"分散自己的注意力"这两件事情混为一谈。不要到处跟人讲你参加了半程马拉松比赛，并把它称为"个人成长"或"心理治疗"。那么，该如何区分"重新投入精力到自己身上"和"分散自己的注意力"呢？当你重新把精力投入到自己身上时，你获得的东西是持久有效的，比如更积极的思维方式、更好的自己，或者为未来的宁静心境打下基础。而用于分散注意力的东西则是短暂的。它能使你感觉当下状态良好，但不会促使你进步。关键是问你自己："我在逃避这个麻烦事，还是在为了更好地应对它做着积极准备呢？"

在和自恋型人格者的对话中，当你发觉自己正身陷这场游戏，即时建立起自我意识的那一刻，你就知道上述技巧能真正改善你的生活。

为了确保你准备得更充分，我要教你怎么应对那些拥有"有毒人格"（toxic personality）的人最喜欢用的武器——"煤气灯效应"（Gaslighting）[1]。

---

[1] 一种心理操控的形式，其方法是一个人或团体隐秘地让受害者逐渐开始怀疑自己，使其质疑自己的记忆力、感知力或判断力，其结果是受害者产生认知失调和其他变化（例如极低的自尊感等）。——译者注

谁点着了"煤气灯"

你或许不明白这里的"煤气灯"是指什么，但你肯定会明白那种感觉。"煤气灯效应"是心理操控的一种形式，通过这种形式，操控者令你怀疑自己的判断或者记忆。它是某些伤害性操控行为的一种常见手段。"煤气灯效应"可不是有人向你撒谎这么简单，它经过精心的策划，企图让你推翻自己原先对现实的认识。利用"煤气灯效应"的人通过动摇你对自己思维能力的信心，达到操控你的目的。它也是自恋型人格者的惯用伎俩。其实，一些普通人日常也会有意无意地使用这个手法。

想象一下接下来这个场景。临睡前，你对某人说："晚餐时你说的话让我很难受。""煤气灯效应"的操控者会给出如下回答。

"我没说过这样的话。"

——即使你明明清楚记得对方说过，对方也会矢口否认。

"你真的需要心理疏导了，没一个正常人会这么理解。"

——此刻他们将问题转嫁到你身上，暗示这都怪你心理不正常。

"看看你，整天疑神疑鬼的。就是因为这样，大家才会在背后议论你。我总是想办法为你辩解，而你却变本加厉。"

——这样一来，你很容易马上自我怀疑："我的朋友对我是不是真心的？我是不是真的在疑神疑鬼？"

谈话到最后，你自己都糊涂了，不禁自我怀疑："我是不是想太多了？大家当真在背后这么议论我？我是不是精神出问题了？"心理操控者在你心里故意种下的怀疑种子，现在终于长起来了。这种心理操控手段开始往往不易察觉，但经过一段时间，它会让你质疑自己的感受、质疑自己对往事的回忆，甚至质疑自己的神志是否清醒。最重要的一点是，这种心理操控会瓦解你对自己的信任。

"煤气灯效应"与单纯的善意谎言的区别在哪里？撒谎是单一的行为，让你对事实产生怀疑，而"煤气灯效应"则是一种模式，旨在让你对包括自己在内的一切产生怀疑。另一种分辨方式是看动机。某些谎话可能是一次性的掩盖事实的行为（比如明明吃了最后一块蛋糕却说自己没吃），而"煤气灯效应"的谎话是一个长期阴谋的组成部分，这个阴谋的目的不光是欺骗你，而且还让你晕头转向，从而长期控制你。

如果遇到类似的情况，首先要分辨你听到的是哪种性质的谎言。"煤气灯效应"的目标其实不是你，而是操控者想通过控制你或者控制局面来保护他们自己。有些人是为了操控人心，还有些人是为了逃避责任。这样的例子数不胜数。接下来，你要学会回应的方法，既保护自己内心的平静，又保持理性思考。

如何应对"煤气灯效应"

使用不带感情色彩的语言，在必要时进行重复

» 当对方说"你现在的状态不太理智"时，不要用"我哪里不理智了？"进行自我辩护，而要用平和的语气回答："我明白，我们的意见有分歧。"

如果对方和你争论，你可以在适当的时候重复自己的话："我明白，我们的意见有分歧。"

» 如果对方声称"我从没说过这话"，要避免拉锯式争吵。你可以

回答："我听到了你的话。"

这样的回应可以让你在沟通中处于更有利的位置，避免陷入扯皮——一个人说"你确实说过"，另一个人说"我绝对没有"，这样是解决不了任何问题的。

» 如果对方声称"这都是你的臆想"，请明确而坚定地回应："客观事实用不着臆想。"

相信你的直觉

你可以将"煤气灯效应"的操纵行为想象成有人在挖你的逻辑漏洞。如果你的直觉告诉你，对方的话不符合常理，你要克制住心中那个填补漏洞的冲动。他们在你的话中挖掘逻辑漏洞，你越是分心去关注这些漏洞，就越难控制自己。因此，要相信你自己对事实的判断，放下填补漏洞的心思。

你可以使用下面这些表达方式。

» "我们对事情的记忆很不相同。"
——说出这句话不仅能展示出你摆脱对方操控的非凡力量，而且也符合实际情况。

» "那可不是我经历的事情。"

你现在明白这些话是如何让你掌握主动权的了吧？冷静地重复这些话，以此来坚持你认定的事实，无须通过令人疲惫的拉锯战来回争论。

将讨论关注点从过往事件转移到未来展望上

实施心理操控的人习惯于把旧账翻出来，然后将之改头换面，用来混淆当前的情况。这点很容易看出来，他们企图把情况或者情节从头到尾重新演绎一遍，好像你根本没在现场目睹一样。你只需要拒绝配合他们的表演，并转移话题。

> » *"我没兴趣争论过去的事情，我只希望未来我们能达成共识。"*
>
> » *如果对方攻击你心理不健康，话里有话地说什么"你需要帮助"，你大可以平静地接过他的话茬说："不仅如此，我还需要能为我提供帮助的人呢。"这样回应他，表明你的关注点不是解决过去的事情，而是着眼于将来的需要。*

这些回应将扭转你们之间的权力动态关系，将关注点始终放在推进事情的发展上。你真正的力量就源于这里——你认定的事实，它的自然发展立足于你自己的幸福安康，而不是别人口中的故事。

自恋型人格者、心理操纵者、有毒人格者、"煤气灯效应"操控者……凡此种种，令人叹息。

如果你不知道去何处寻找光明，世界将是一片漆黑。请在本章中选择最适合自己的方法，并运用起来。请认真贯彻实践它们，设立你专属的"免打扰"标签，始终关注建立自我价值感，远离这场被人操控的嘉年华游戏。尤为重要的是，不要害怕，要勇于脱离黑暗的环境，重新开始。

本章小结 SUMMARY

- 自恋型人格者玩的其实是骗人的嘉年华游戏，你看似很有胜算，实则注定失败。运用心理抽离的力量，停止在他们身上耗费精力，致力于自我成长。做到这些，你才能获得真正的胜利。

- "煤气灯效应"关乎操控，而不是真相。这是一种持续性的心理操控模式，目的是让你怀疑自己的认知，甚至破坏自我认同感。它的本质是扰乱你的认知，然后实施控制的手段。认识到这一点对维护你的心理健康大有帮助。

- 只要你停止和他们争论，并开始相信自己，一切都将变得清晰起来。别浪费精力和他们争论过去的事情，也别顺着他们的叙事逻辑，让自己被牵着鼻子走。使用"我看事情的角度和你不同"这类表达作为你的立足点，让自己保持头脑清醒，不被他们制造的混乱局面左右。

感谢所有看到这里的读者，
祝愿你们的下一次对话愉快顺利

鸣谢

感谢我的妻子西拉（Sierra），如果没有她，我不会取得如此丰硕的成果。

虽然没有和大家见过面，但她一直在幕后默默耕耘。你现在读到的每一页文字、在我的社交账号上看过的每一个视频、参与过的每一场由我主持的线下演讲，都有我妻子的功劳。她为此牺牲了个人时间，更多地承担了养育两个年幼孩子的责任。她可能会说这些不是什么大事，但我知道，这些工作绝非易事。相信每位父母都能理解这一点。西拉也是一名律师，她有自己的事业而且经营得非常成功，但她仍然在百忙之中将里里外外的所有事情安排得井井有条。若非她承担了这份额外的责任，让我得以和大家分享信息，那么你们看到的这一切，包括这本书的诞生，都将成为空中楼阁。

我觉得自己就像 Windows 98 产品一样，品质虽然尚可，但输出速度稍显逊色。而西拉则像苹果 MacBook Pro，配备了极速处理器，思维速度比我快十倍。我们会争吵吗？当然会。我们是否也会面临其他夫妻常见的沟通难题？肯定有。在过去的十年里，我的沟通技能无疑有了很大的提升，可以说西拉对我的影响无人能及。当我开始发布视频时，我们约定，她和孩子们都不出现在社交媒体上。虽然在幕后工作，但西拉始终是我的第一位反馈者和支持者。

无论从哪方面来说，她都比我更优秀。

我还要感谢我的父母，戴维（David）和瑟琳（Sherlyn）。他们不仅尽心尽力养育我，还具有令人敬重的品格，常常为有幸相识的人带来光明。

我非常感激家人和朋友对我的支持。感谢我的弟弟妹妹，他们始终如一地支持我，亲昵地称我为"布巴"。感谢我的挚友马特（Matt），每当我面临人生中的重大变化，感到不知所措时，他总能让我保持镇静。感谢我的岳母森妮（Sunee），和她的每次对话都能让我得到宝贵的人生经验。还要感谢我们律所的"费希尔大家庭"（Fisher Firm family），特别感谢莉兹（Liz），她的支持和耐心对我来说意义重大。

最初，在我的关注者提议我写书时，我真的不知该从何着手。幸运的是，有很多卓越的人士进入我的人生道路，帮助我将信息传达给大家。

感谢特丝·卡莱罗（Tess Callero），我的版权经纪人。她向我传授了传统出版行业的门道，她的业务能力非常出色。不仅如此，她还充满了热情与智慧。如果你还怀疑冷邮件 ① 没有用，这本书的出版就是活生生的正面例子。

感谢塔彻 – 佩里盖 (TarcherPerigee) 出版社的编辑雅各布·苏尔平（Jacob Surpin）和来自英国的编辑皮帕·赖特（Pippa Wright），感谢他们的信任与鼓励，让我得以保持真实的写作风格。感谢企鹅兰登书屋的整个团队，包括洛塔·艾琳（Lota Erinne）、林赛·戈登（Lindsay

---

① 冷邮件（cold email）：向与自己没有现有联系的潜在客户发送的任何电子邮件。也称为开发信。——译者注

Gordon）、法林·肖勒（Farin Schlussel）、内达·达拉勒（Neda Dallal）、凯蒂·麦克劳德–英格利希（Katie MacLeod–English）、卡塞伊·马洛尼（Casey Maloney）、莉莲·巴勒（Lillian Ball）和维维安娜·莫雷诺（Viviana Moreno），以及梅甘·纽曼（Megan Newman）、特拉西·贝阿尔（Tracy Behar）和玛丽安·利齐（Marian Lizzi）。他们从我写作之初就一直是这本书的支持者。

感谢布拉克·阿特伍德（Blake Atwood），我的图书指导，感谢他特地驱车前来，花一周时间和我共同工作。感谢他来我家，和我的家人共进晚餐。有了他的帮助，我确保了读者能够在书中感受到我的内心。而当我全心投入时，他也同样倾尽全力。

感谢贾尼斯·奥索林斯（Janis Ozolins），他用精美的插图为每一章的主题注入了生命与个性。

感谢皮特·加尔索（Pete Garceau），他为本书的封面做出了精彩的设计。

最后，感谢杰特（Jett）和鲁比（Ruby）。如果有一天你们读到这本书，我希望你们知道，世上没有任何事比成为你们的父亲更让我喜悦。我爱你们。